W0094786

Deutsch
Gymnasium (G8)
7./8. Schuljahr

von
Claus Gigl

WISSEN OK!

Klett Lernen und Wissen

Claus Gigl ist Gymnasiallehrer für die Fächer Deutsch und Geschichte in Bayern und in der Lehrerausbildung und Lehrerweiterbildung tätig. An der Universität München ist er Zweitprüfer für das Fach Deutsch.

Textnachweis
S.10: Wilhelm Busch: Fink und Frosch. Aus: Wilhelm Busch: Gedichte. Hrsg. von Friedrich Bohne. Zürich: Diogenes 1974, S.122.
S.59: Andreas Gryphius: Abend. Aus: Ernst Bender (Hrsg.): Deutsche Dichtung der Neuzeit. Karlsruhe: G. Braun Verlag 1969, S.47.
S.61: Theodor Fontane: Herr von Ribbeck auf Ribbeck im Havelland. Aus: Theodor Fontane: Sämtliche Werke. Herausgegeben von Edgar Groß, Kurt Schreinert, Rainer Bachmann, Charlotte Jolles, Jutta Neuendorff-Fürstenau, Bd. 1–25, München: Nymphenburger Verlagshandlung 1959–1975, Band 20, S.249–250.

Bildnachweis
S.13: Picture-Alliance, Frankfurt/M./Bildagentur Huber/Römmelt – S.21: AKG, Berlin/Erich Lessing – S.46: Umschlag nach Entwürfen von Willy Fleckhaus – S.52: Goethe-Museum, Düsseldorf – S.55: Picture-Alliance, Frankfurt/M./Keystone Alessandro Della Valle – S.59: ullstein bild, Berlin – S.77 : Klett-Archiv, Stuttgart – S.104 : Klett-Archiv, Stuttgart

Der Verlag hat sich nach bestem Wissen und Gewissen bemüht, alle Inhaber von Urheberrechten an Texten und Abbildungen zu diesem Werk ausfindig zu machen. Sollte das in irgendeinem Fall nicht korrekt geschehen sein, bitten wir um Entschuldigung und bieten an, gegebenenfalls in einer nachfolgenden Auflage einen korrigierten Quellennachweis zu bringen.

Bibliografische Information der Deutschen Nationalbibliothek
Die Deutsche Nationalbibliothek verzeichnet diese Publikation in der Deutschen Nationalbibliografie; detaillierte bibliografische Daten sind im Internet über http://dnb.d-nb.de abrufbar.

Auflage 4 3 2 1 | 2010 2009 2008 2007
Die letzten Zahlen bezeichnen jeweils die Auflage und das Jahr des Druckes.

Internetadresse: http://www.klett.de
Umschlaggestaltung: VIER FÜR TEXAS* Ideenwerk, Frankfurt/Main
Grafiken: Meyle + Müller, Medien-Management, Pforzheim
Illustrationen: Sven Palmowski, Barcelona; Marlene Pohle, Stuttgart (S. 8, 10, 86, 101, 121)
Satz: Meyle + Müller, Medien-Management, Pforzheim
Reproduktion: Meyle + Müller, Medien-Management, Pforzheim
Druck: Druckerei Wirtz, Speyer
Printed in Germany

ISBN 978-3-12-926010-4

Inhalt

1 Aufsatz

2 Literatur, Sachtexte, Medien

Inhalt

4 Rechtschreibung

5 Methoden

Karteikarten

Erzählen

Beim Erzählen schreibst du eine Geschichte über ein Ereignis, das du selbst erlebt hast oder erleben hättest können. Du kannst dich auch in eine Person hineinversetzen, aus deren Perspektive du erzählst. Das Entscheidende ist, dass es sich beim Erzählen um eine Schreibweise handelt, die bestimmten Gesetzmäßigkeiten folgt (Spannungsaufbau, Höhe- und Wendepunkt, Darstellung von Gefühlen), – egal, ob du von dir selbst oder aus der Sicht einer anderen Person schreibst.

Aus der Ich-Perspektive erzählen

Wenn du etwas erzählst, ist das **persönlich gefärbt**: Du erzählst, was du erlebst, was du empfindest, was dich freut, was dich ärgert, was dich ängstigt usw. Beim Erzählen kommt es darauf an, dass eine Handlung **interessant oder spannend** dargestellt wird und dass die **Gefühle und Gedanken** der Personen deutlich werden. Deiner Fantasie sind beim Erzählen kaum Grenzen gesetzt.

Aus der Er-Perspektive erzählen

Wenn du aus der Er-Perspektive erzählst, musst du dich in die Figur hineinversetzen und darstellen, was **diese Figur** denkt, fühlt und erlebt. Wenn diese Figur mit anderen in Kontakt kommt, ist entscheidend, wie sie ihr Gegenüber wahrnimmt – auf deine Einstellung kommt es nicht an.
Egal, ob du aus der Ich- oder der Er-Perspektive erzählst: Gib den Personen deiner Erzählung Namen!

Der Aufbau der Erzählung

Eine Erzählung besteht in der Regel aus drei Teilen: Einleitung, Hauptteil und Schluss.
- Die **Einleitung** steckt den Rahmen der Handlung ab; meist werden auch die Personen vorgestellt und Ort und Zeitpunkt des Geschehens genannt.
- Der **Hauptteil** führt in **mehreren Erzählschritten** zum Höhepunkt hin; das Geschehen wird in diesem Teil des Aufsatzes entfaltet. Am **Höhepunkt** findet die entscheidende Handlung statt, dieser muss deshalb anschaulich ausgestaltet und ansprechend erzählt werden. Der Höhepunkt kann auch als **Wendepunkt** gestaltet sein.
- Der **Schluss** löst die Handlung auf und rundet die Erzählung ab. Oft wird auch ein Ausblick auf die Zukunft gegeben.

Die Überschrift
Die Überschrift sollte auf **den Kerngedanken**, auf dem die Erzählung beruht, hinweisen, ohne zu viel zu verraten. Ganze Sätze sind meist als Überschrift ungeeignet, besser geeignet sind verkürzte Sätze oder Ausrufe.

Sprachlich-stilistische Mittel der Erzählung
Um am Höhepunkt Spannung zu erzeugen, solltest du bestimmte sprachlich-stilistische Mittel verwenden. Geeignet sind:
- **wörtliche Rede**, die das Geschehen anschaulich und lebendig wirken lässt,
- **Signalwörter**, die auf Wichtiges hinweisen (z. B. „plötzlich", „Was war das?"),
- **aussagekräftige Verben** und **Adjektive**, die das Geschehen exakt benennen und anschaulich machen,
- **Andeutungen und Vorausdeutungen**, die Ahnungen und Befürchtungen zum Ausdruck bringen,
- **Fragen** und **Ausrufe**, die den Leser in das Geschehen einbeziehen (z. B. „Was war das?"),
- **unvollständige Sätze (Ellipsen)**, die den Leser die Spannung des Geschehens unmittelbar miterleben lassen (z. B. „Schon wieder!") und
- das **szenische Präsens**, also der Wechsel von der üblichen Erzählzeit Präteritum zu einer Erzählzeit, die den Leser unmittelbar am Geschehen beteiligt.

Außerdem solltest du immer in der **Aktiv-Form** schreiben, weil dadurch deutlich wird, was die Figuren tun. Die Erzählung wird so anschaulich und lebendig. Die Passiv-Form stellt das Ereignis selbst in den Vordergrund, was dazu führt, dass die Erzählung langweilig wirkt.

Wissen kurz gefasst

Beim Erzählen ist zu beachten:
- In einer Erzählung musst du ein interessantes oder spannendes Ereignis darstellen. Dieses kannst du selbst erlebt haben. Möglicherweise ist es aber nur erfunden – von dir oder jemand anderem, dessen Text du nun umschreibst.
- Eine Erzählung kann aus der Ich- oder der Er-Perspektive erzählt sein.
- Eine Erzählung besteht meist aus drei Teilen: der Einleitung, dem Hauptteil (mit Höhepunkt) und dem Schluss.
- Die Überschrift sollte den Kerngedanken der Erzählung wiedergeben, ohne zu viel von der Handlung zu verraten.
- Bestimmte sprachlich-stilistische Mittel helfen, den Höhepunkt anschaulich und spannend zu gestalten.

Wechsel der Erzählperspektive

In Erzählungen kommen verschiedene Personen vor. Jede Person nimmt das Geschehen aus ihrer eigenen Perspektive wahr. Oft decken sich diese Sichtweisen, oft kommt es aber zu unterschiedlichen Wahrnehmungen ein und desselben Ereignisses. Diese unterschiedlichen Wahrnehmungen werden durch den Wechsel der Erzählperspektive deutlich.

Ich-Erzählerin/Er-Erzähler

Erzählung aus der Sicht

des Mädchens:	des älteren Herrn:
„Lisa ist so eine Angeberin: Mit ihrem neuen Mountainbike kann sie leicht schneller sein als ich. Aber ich werde es ihr zeigen. Ich werde das Rennen gewinnen! Koste es, was es wolle, – ich muss einfach schneller sein!"	„Wie die jungen Leute sich heutzutage anstrengen – das gefällt mir. Fast wie in der guten, alten Zeit. Beide kämpfen um den Sieg, das ist wahrer Sportsgeist. Dabei hat die mit ihrem neuen Rad schon einen klaren Vorteil. Aber die andere strengt sich umso mehr an, kein Wunder, dass sie schimpft."
↓	↓
Ich-Erzählerin	**Er-Erzähler**

Umerzählen

Wenn du den Text des radelnden Mädchens aus der Ich-Perspektive umerzählen und dabei die Perspektive des Beobachters, des älteren Herrn, einnehmen sollst, musst du genau überlegen:

- Was kann der Beobachter wissen und woher hat er seine Informationen?
- Was kann er nicht wissen, wozu kann er in seiner Erzählung keine Angaben machen?
- Welcher Sachverhalt stellt sich für ihn als Außenstehenden möglicherweise anders dar als für die Ich-Erzählerin?

Wenn du die Aussagen des radelnden Mädchens und des älteren Herrn genau gelesen hast, kannst du Folgendes feststellen:

- Der Beobachter weiß nur, was er sieht: Für ihn handelt es sich bei der Wettfahrt um einen sportlichen Wettkampf, den er positiv bewertet. Er erkennt jedoch, dass ein Mädchen ein besseres Rad hat als die andere.
- Er kennt die Motive und Gedanken der Ich-Erzählerin nicht; er weiß nicht, wie diese ihre Konkurrentin einschätzt. Er kennt auch nicht die Namen der beiden Mädchen.
- Der Beobachter kann nicht wissen, dass zwischen den beiden Mädchen ein Machtkampf stattfindet, den die mit dem älteren Rad unbedingt für sich entscheiden möchte. Er glaubt, es handle sich um einen fairen sportlichen Wettstreit.

Wissen kurz gefasst ✓

Beim Wechsel der Erzählperspektive ist zu beachten:

- Ein außenstehender Beobachter kennt die Gefühle und Motive der handelnden Personen nicht.
- Er kennt meist auch ihre Namen nicht.
- Er weiß nur, was er sieht oder hört: Dazu muss er die Mimik, Gestik und die Körperhaltung der Handelnden genau beobachten und gut zuhören.

Textsorte verändern

Wenn ein Text in eine Erzählung umgeformt werden soll, bedeutet das meist eine doppelte Schwierigkeit: Du musst die Textsorte ändern und zugleich der Erzählung alle die Elemente hinzufügen, die für eine Erzählung typisch sind. Oft musst du auch die Sprache dem Erzählstil anpassen. Das ist nicht immer ganz einfach, kann aber gelingen, wenn du dir klar machst, worin der gedankliche und inhaltliche Kern der Vorlage beruht.

Wie du bei der Veränderung der Textsorte vorgehen kannst, erfährst du an folgendem Beispiel:

Wilhelm Busch: Fink und Frosch

Im Apfelbaume pfeift der Fink
Sein: pinkepink!
Ein Laubfrosch klettert mühsam nach
Bis auf des Baumes Blätterdach
5 Und bläht sich auf und quackt: „Ja ja!
Herr Nachbar, ick bin ock noch da!"

Und wie der Vogel frisch und süß
Sein Frühlingslied erklingen ließ,
Gleich muss der Frosch in rauhen Tönen
10 Den Schusterbass dazwischendröhnen.

„Juchheija heija!", spricht der Fink.
„Fort flieg ich flink!"
Und schwingt sich in die Lüfte hoch.
„Wat!", ruft der Frosch, „dat kann ick och!"

15 Macht einen ungeschickten Satz,
Fällt auf den harten Gartenplatz,
Ist platt, wie man die Kuchen backt,
Und hat für ewig ausgequackt.

Wenn einer, der mit Mühe kaum
20 Geklettert ist auf einen Baum,
Schon meint, dass er ein Vogel wär,
So irrt sich der.

Folgende Fragen solltest du dir nach mehrmaligem gründlichen Lesen des Gedichts stellen:
- Worum geht es in diesem Gedicht? Was ist seine Kernaussage?
- Wo liegt der Höhepunkt der Handlung? Welche Verse des Gedichts lassen sich der Einleitung, dem Hauptteil und dem Schluss deiner Erzählung zuordnen?
- Wie sind die Figuren charakterisiert?

Folgende Antworten könntest du festhalten:
- Das Gedicht handelt von einem Frosch, der sich selbst überschätzt und wie ein Vogel fliegen will. Am Ende stürzt er – wie zu erwarten – ab und stirbt.
- Der Höhepunkt der Handlung findet sich in den Versen 14–18, als der Frosch versucht, es dem Vogel gleichzutun, und dabei kläglich scheitert.
- Der Fink ist als Vogel ohne weitere Besonderheiten dargestellt, der Frosch jedoch ist überheblich, er überschätzt sich und sein Können.

Folgende Einzelheiten musst du für deine Erzählung ergänzen:
- die Gedanken und Gefühle der erzählenden Figur, die du in wörtlicher Rede wiedergeben solltest,
- Fakten wie Zeit und Ort des Geschehens.

Eine mögliche Aufgabenstellung lautet:
- Gib das Geschehen aus der Sicht des Finks in der Form der Erlebniserzählung wieder.

Deine Erlebniserzählung könnte so beginnen:

> „Als ich im letzten Frühjahr auf meiner Lieblingsbirke saß und so vor mich hinträllerte, kam plötzlich ein Frosch heran. Doch statt wie andere Frösche im feuchten Gras hin und her zu springen, begann er plötzlich, den Stamm hochzuklettern. Ich glaubte nicht richtig zu sehen, doch er kam unter dauerndem Geschimpfe und Gequake immer höher. Stunden später hatte er dann meinen Ast ganz oben in der Birke erreicht und begrüßte mich ziemlich unfreundlich …"

Wissen kurz gefasst

Bei der Veränderung der Textsorte ist zu beachten:

- Kläre zuerst, worum es in dem vorliegenden Text geht.
- Überlege dann, welcher Teil des Textes den Höhepunkt deiner Erzählung bilden muss und welche Teile für die Einleitung, den Hauptteil und den Schluss taugen.
- Kläre für dich die Gedanken und Gefühle der Figur, aus deren Perspektive du die Erzählung schreibst. Achte dabei genau darauf, welche Informationen die Erzählerfigur haben bzw. nicht haben kann.
- Schreibe dann deinen Text auf und beachte dabei genau die Kriterien, die für die Erzählung gelten.

Erzählen mit schildernden Elementen

Viele Erzählungen sind in einem besonders stimmungsvollen Umfeld angesiedelt. Der Besuch eines Volksfestes oder eines Weihnachtsmarktes oder unheimliche Situationen in der Natur sind besonders geeignet, die Stimmung, die dort herrscht, einzufangen und sie durch schildernde Elemente in deiner Erzählung zu beschreiben.

Was musst du bei einer Erzählung mit schildernden Elementen beachten?
Erzähle die Geschichte so, wie du es bereits gelernt hast. Die Kennzeichen der Erzählung gelten auch hier.
- Beachte also den dreiteiligen Aufbau, gestalte den Höhepunkt anschaulich aus, verwende aussagekräftige Verben und Adjektive, setze an passenden Stellen Signalwörter, Fragen und Ausrufe ein, steigere die Spannung durch Andeutungen und Vorausdeutungen, verwende an spannenden Stellen unvollständige Sätze und beim Höhepunkt das szenische Präsens.

An wichtigen Stellen im Hauptteil, z. B. beim Höhepunkt, musst du außerdem schildernde Elemente in deinen Aufsatz aufnehmen.
- Die Schilderung macht deine Erzählung anschaulich, sie bezieht sich jedoch nicht auf die Handlung, sondern stellt die Atmosphäre dar: Beim Schildern gibst du Eindrücke anschaulich wieder oder beschreibst die Umwelt durch sprachliche Bilder, Vergleiche oder Personifikationen. So werden Gefühle für den Leser nachvollziehbar.

Ein mögliches Thema zum „Erzählen mit schildernden Elementen" lautet:
- Erzähle aus der Sicht des Sohnes, was du letzte Nacht im Eittinger Moos erlebt hast.

Freising (cg) Letzte Nacht musste eine Mutter mit ihren beiden minderjährigen Kindern eine schaurige Nacht im Eittinger Moos, einer Moorgegend bei Freising, durchleben. Nach einer Autopanne versuchte Frau S. mit ihren Kindern Thomas (14) und Marie (11) zu Fuß heimzukommen. Bei Frost und Nebel verirrten sie sich jedoch im Moor. Eine groß angelegte Suchaktion der Polizei, die der besorgte Familienvater auslöste, brachte erst am nächsten Morgen Erfolg: Spürhunde der Polizei fanden die drei völlig durchgefroren. Sie hatten erschöpft unter Fichten Schutz gesucht.

So unterscheidet sich die Schilderung von der Erzählung:

Die Schilderung muss sich bei dieser Aufgabenstellung auf die Moorlandschaft beziehen. Folgende Übersicht zeigt dir, worauf es beim Schildern ankommt:

In der Erzählung würdest du schreiben:	In der Schilderung schreibst du:
Im Moor war es stockfinster.	Nur der Mond schien und verwandelte die Büsche und Bäume in riesenhafte Ungeheuer, die ihre Arme nach uns ausstreckten.
Es war kalt und neblig.	Die Kälte kroch mir unter die Jeans und unter das Shirt. Mich fror ganz schrecklich. Auch der Nebel kam immer näher auf uns herab. Wie eine Käseglocke legte er sich über das Moor.
Wir kuschelten uns in einem Gebüsch aneinander.	Wir rückten ganz nah aneinander. Die Zweige raschelten über uns und schützten uns vor der Feuchtigkeit, vor Regen und Wind.

Wissen kurz gefasst

Beim Erzählen mit schildernden Elementen ist zu beachten:

- Eine stimmungsvolle Atmosphäre unterstreicht das Erzählte.
- Erzähle deshalb zunächst deine Geschichte so, wie du es bereits gelernt hast.
- Schmücke dann deine Erzählung aus: Veranschauliche die Umgebung, Sinneseindrücke und Gefühle durch sprachliche Bilder, Vergleiche, Personifikationen und stimmungsvolle Adjektive.

Informieren

Wenn du dich gegenüber einer offiziellen Stelle (z. B. der Polizei, der Versicherung oder der Schulleitung) äußerst, musst du deine Ansprechpartner informieren.

Ebenso verhält es sich, wenn du anderen von einer Tätigkeit, die für diese nachvollziehbar sein soll, oder vom Inhalt eines Textes, eines Films oder einer Veranstaltung berichten sollst.

Grundsätzlich gilt: Wenn es nicht auf ein Erlebnis, sondern auf eine Sache ankommt, steht die Information im Vordergrund.

Sachlich schreiben

Wenn du andere informieren sollst, musst du den **Sachverhalt** genau, also sachlich und informativ, wiedergeben. Der Leser deines Textes interessiert sich nicht für deine Gedanken und Gefühle oder deine Bewertung eines Vorgangs oder eines Textes. Er möchte lediglich die **Fakten** kennen.

Beantworte dazu alle wichtigen **W-Fragen**, z. B.: Wer? – Wann? – Was? – Wo? – Wie? – Warum?

Verwende in informierenden Texten grundsätzlich den **Sachstil**.

Kennzeichen des Sachstils

- Es wird **keine Spannung** erzeugt – die **Sachinformation** steht im Vordergrund.
- Gedanken, Gefühle und Stimmungen werden nicht erzählt, sondern **genannt**.
- Es gibt **keine Ausrufe** und **keine wörtliche Rede**. Wichtige Aussagen werden in der indirekten Rede wiedergegeben.
- Umgangssprachliche Wendungen müssen unbedingt **vermieden** werden.
- Die Ausdrucksweise muss stets **sachlich und genau** sein. Eine **exakte Ausdrucksweise** und die Verwendung von **Fachbegriffen** ist deshalb wichtig.
- Ein **logischer Aufbau** ist einzuhalten: Wichtige Fakten gehören an den Anfang. Die Darstellung orientiert sich an der Chronologie des Geschehens. Vorausdeutungen und Nachträge sind nicht angebracht.
- Um Sachverhalte oder Ereignisse darstellen zu können, sind **Hypotaxen** (Satzgefüge) nötig. Achte dabei auf passende **Konjunktionen**, die das gewünschte Verhältnis von Haupt- und Nebensatz ausdrücken.
- Statt Adverbialsätzen sollten ab und zu **Adverbialen** verwendet werden.

In folgenden Aufsatzarten musst du den Leser informieren:

- im **Bericht** (z. B. Unfallbericht, Bericht für die Schülerzeitung),
- in der **Beschreibung** (z. B. Wegbeschreibung, Personenbeschreibung, Bildbeschreibung),
- in der **Textzusammenfassung** (z. B. einer Erzählung, einer Novelle),
- in der **Inhaltsangabe** (z. B. einer Kurzgeschichte, eines Jugendbuchs),
- im **Protokoll** (z. B. über eine Klassensprecherversammlung).

Wissen kurz gefasst ✓

Beim Informieren ist zu beachten:

- Beim Informieren steht kein Erlebnis, sondern ein Sachverhalt im Mittelpunkt.
- Du nennst deshalb nur Fakten, beschreibst keine Gefühle oder Stimmungen. Auch Wertungen sind nicht angebracht.
- Wenn du informierst, musst du die W-Fragen beantworten: Wer? – Wann? – Was? – Wo? – Wie? – Warum?
- Bei allen informierenden Aufsatzformen musst du den Sachstil verwenden.
- Wörtliche Rede gibst du in der Form der indirekten Rede wieder.

Der Bericht

Der Bericht informiert über ein einmaliges Ereignis, er muss deshalb Fakten wiedergeben. Die Meinung des Schreibers oder von Menschen, die an diesem Ereignis beteiligt waren, gehören nicht in einen Bericht.
Jeder Bericht muss in einer sachlichen Sprache abgefasst sein. Wichtige Aussagen werden nicht in der Form der wörtlichen Rede, sondern in der indirekten Rede wiedergegeben. Für wertende Adjektive ist im Bericht kein Platz.

Zwei Arten des Berichts

Es gibt zwei Arten von Berichten: Die eine Gruppe von Berichten ist **angelehnt an das Polizeiprotokoll**. Dabei geht es darum, einen Sachverhalt für einen bestimmten Adressaten möglichst genau darzustellen. Berichte, die sich an diesem Muster orientieren, sind z. B. der Unfallbericht, der Bericht an eine Versicherung und der Bericht über die letzte Klassensprecherversammlung an die Schulgemeinschaft.
Die andere Gruppe **orientiert sich an Zeitungsberichten**. Die Adressaten sind dabei nicht genau bestimmt, es handelt sich aber um eine breitere Öffentlichkeit. Derartige Berichte sind: der Bericht für die Schülerzeitung, der Bericht über einen Wandertag oder einen Sportwettkampf.

Aufbau des Berichts

1. **Einleitung**
   Sie führt die Leser in die Situation ein und gibt eine **Überblicksinformation** über das Geschehen.
   Beantwortung der Fragen: Wo? – Wann? – Wer? – Was?
2. **Hauptteil**
   Hier wird der **Ablauf des Geschehens in zeitlicher Reihenfolge** ausführlich dargestellt.
   Beantwortung der Fragen: Was ist geschehen? Wie ist es geschehen? Warum ist es passiert?
3. **Schluss**
   Hier werden **das Ergebnis und die weiteren Folgen** des Geschehens aufgezeigt.
   Beantwortung der Frage: Welche Folgen hatte das Geschehen?

Das gemeinsame Kennzeichen aller Berichte ist, dass sie
- sachlich geschrieben und nicht spannend sind,
- keine Meinungen, sondern Fakten enthalten,
- Auskunft geben zu den Fragen: Wer? – Wann? – Was? – Wo? – Wie? – Warum?,
- ein Geschehen in der richtigen zeitlichen Reihenfolge wiedergeben,
- nichts Unwichtiges beinhalten,
- Fachbegriffe aufweisen, soweit diese nötig sind,
- im Präteritum geschrieben sind, da sie ein einmaliges Geschehen wiedergeben.

Wissen kurz gefasst ✓

Beim Berichten ist zu beachten:
- Der Bericht soll die Leser informieren. Er gibt deshalb nur Sachverhalte, keine Meinungen wieder.
- Es gibt zwei Arten von Berichten: den Bericht, der sich am Polizeibericht orientiert, und den Bericht, der dem Zeitungsbericht nachempfunden ist.
- Folgende Kennzeichen gelten für alle Berichte: Sie sind sachlich geschrieben und nicht spannend. Sie enthalten nur Fakten, keine Meinungen oder Wertungen. Berichte geben Auskunft zu Sachfragen: Wer? – Wann? – Was? – Wo? – Wie? – Warum?
- Berichte sind dreiteilig aufgebaut: Sie bestehen aus einer Einleitung (Wo? – Wann? – Wer? – Was?), dem Hauptteil (Was ist geschehen? Wie ist es geschehen? Warum ist es passiert?) und einem Schluss (Welche Folgen hatte das Geschehen?).
- Berichte sind im Präteritum geschrieben, da sie ein einmaliges, schon vergangenes Geschehen zum Inhalt haben.

17

Die Beschreibung

Auch die Beschreibung gehört zu den informierenden Aufsatzarten. In der Beschreibung darfst du deshalb nur Sachverhalte wiedergeben. Deine Meinung gehört nicht in eine Beschreibung. Jede Beschreibung muss im Sachstil abgefasst sein. Wörtliche Rede ist fehl am Platz, Adjektive dürfen immer nur beschreibend, nie wertend sein.

Häufige Aufsatzarten sind neben der Vorgangs-, der Gegenstands- und der Tierbeschreibung die Wegbeschreibung, die Personenbeschreibung und die Bildbeschreibung.

Die Wegbeschreibung

Hier erklärst du, wie jemand am besten an einen bestimmten Ort kommt:
- Gib die **Richtung** und die **Entfernungen** möglichst genau an.
- Nenne die **Straßennamen**, wenn du sie kennst.
- Beziehe dich auf **örtliche Besonderheiten** (Geschäfte, Kinos, Parkplätze usw.).
- Mache nur **verlässliche Ortsangaben** (z. B. Gebäude, Straßen), lass Überflüssiges weg.
- Äußere dich **sachlich**, knapp und genau.

Eine mögliche Aufgabenstellung, die eine Wegbeschreibung erfordert, lautet:
- Du hast deinen Brieffreund zu dir eingeladen. Leider kannst du ihn nicht selbst am Bahnhof abholen. Beschreibe ihm den Weg zu dir.

Die Personenbeschreibung

Hier erläuterst du, wie jemand aussieht bzw. woran jemand zu erkennen ist:
- Gib zuerst **allgemeine Informationen** zu dieser Person (Geschlecht, Alter, Größe).
- Beschreibe dann die **äußere Erscheinung** (Gestalt, Kleidung, Haltung).
- Gehe dann auf **auffallende äußere Merkmale** ein, die **für diese Person typisch** sind und sie deutlich von anderen Personen unterscheiden (z. B. auffällige Haarfarbe, besonders große, gekrümmte Nase, kugelförmiger Bauch).

Eine mögliche Aufgabenstellung zur Personenbeschreibung lautet:
- Verfasse eine Personenbeschreibung deiner Deutschlehrerin (oder deines Deutschlehrers).

Die Bildbeschreibung

Hier erklärst du, wie ein bestimmtes Bild aussieht:
- Gib zuerst **allgemeine Informationen** zu dem Bild (Ölgemälde, Aquarell, Fotografie, Größe, Format, vorherrschende Farben, Dargestelltes).
- Beschreibe dann, **was auf dem Bild zu sehen ist** (z. B. eine Landschaft, eine Person, ein Tier).
- Gib an, **wo sich welche Bildelemente finden** (Vordergrund, Hintergrund, oben unten, links, rechts, im Zentrum).
- Gehe dann auf **auffallende Einzelheiten** dieses Bildes ein, die es von anderen Bildern unterscheidbar macht.

Eine mögliche Aufgabenstellung für die Bildbeschreibung lautet:
- Du hast ein Bild geerbt, kannst es aber nicht brauchen und lässt es daher versteigern. Du musst dem Versteigerungshaus eine genaue Beschreibung des Bildes für mögliche Käufer liefern.

Sprachliche Gestaltung der Beschreibung

- Die Beschreibung gehört zu den **informierenden Aufsatzarten**, deine Meinung ist unerheblich.
- Du musst **Sachstil** und **Fachbegriffe** verwenden. Verben und Adjektive müssen den Sachverhalt genau treffen und dürfen keine Wertung enthalten.
- Gib an, **wo sich welche Bildelemente finden** (Vordergrund, Hintergrund, oben unten, links, rechts, im Zentrum).
- Da es sich bei einer Beschreibung um einen Vorgang handelt, der wiederholbar ist, schreibst du im **Präsens**.

Bei der Beschreibung ist zu beachten: **Wissen kurz gefasst**

- Die Beschreibung gehört zu den sachlichen Aufsatzformen; sie soll die Leser informieren.
- Bei der Wegbeschreibung musst du besonders auf Richtungsangaben und Besonderheiten achten, die unveränderbar sind.
- Bei der Personenbeschreibung musst du besonders die Kennzeichen herausarbeiten, die diese Person unverwechselbar machen.
- Bei der Bildbeschreibung musst du neben dem Bildinhalt auch auf das Bildformat und die Farbgebung eingehen.
- Verwende Fachbegriffe, treffende Substantive, Adjektive und Verben und schreibe immer im Präsens.

Die Textzusammenfassung

Die Zusammenfassung eines Textes ist keine Nacherzählung. Du sollst also die Geschichte oder den Sachtext nicht noch einmal erzählen, sondern die wichtigsten Inhalte in Kurzform wiedergeben. Die Textzusammenfassung gehört deshalb zu den informierenden Aufsatzarten.

Vorgehen bei der Textzusammenfassung

- **Lies** den Text erst **mehrmals gründlich** und mache dir klar, worum es geht.
- **Gliedere** den Text **in Sinnabschnitte** und arbeite die jeweiligen Inhalte heraus.
- **Kürze den Text**, indem du weniger Wichtiges (z. B. Beispiele) weglässt.
- Fasse dann den Text **mit eigenen Worten** zusammen.

Gestaltung der Textzusammenfassung

- **Vermeide es**, bei der Wiedergabe eines Textes **Spannung zu erzeugen**.
- Gib das Dargestellte **nicht chronologisch** wieder, sondern arbeite die **inneren Zusammenhänge** heraus. Verbinde dabei Zusammengehöriges durch Hypotaxen.
- Nenne die Fakten: **wichtige Personen, Figuren, Ereignisse** oder **Sachverhalte**.
- Verwende den **Sachstil**, gib wörtliche Rede in der Form der **indirekten Rede** wieder.
- Schreibe die Textwiedergabe immer im **Präsens**.

Beispiel für eine Textzusammenfassung

Der ursprüngliche Text lautet so:

> **Der „aufgeklärte Absolutismus"**
> Manche Herrscher wie Maria Theresia (1740–1780) und ihr Sohn Joseph II. (1765–1790) von Österreich sowie Friedrich II. (1740–1786) von Preußen machten die Gedanken der Aufklärung zu Grundsätzen ihres Handelns; sie herrschten nach dem Modell des „aufgeklärten Absolutismus": So wurden in Österreich Verwaltung und Wirtschaft modernisiert und ein oberster Gerichtshof geschaffen. Leibeigenschaft und Frondienste wurden aufgehoben, die Gewerbefreiheit und die Schulpflicht eingeführt, die Kirche der staatlichen Aufsicht unterstellt. Ein Toleranzedikt garantierte allen Untertanen die freie Religionsausübung. Friedrich II. bezeichnete sich

als „erster Diener des Staates" und wollte „alles für das Volk, aber nichts durch das Volk" schaffen. Er ließ zahlreiche Rechts- und Verwaltungs-reformen durchführen und kümmerte sich um den Ausbau seines Landes: Trockenlegung von Sümpfen, Anlage neuer Dörfer, Straßen und Kanäle, neue landwirtschaftliche Methoden und Anbau neuer Früchte (z. B. der Kartoffel), Förderung von Fabrikgrün-dungen und neuer Industriezweige. Die verschiedenen Konfessionen, einschließlich der jüdischen, tolerier-te der König mit den Worten, dass „ein jeder nach seiner Fasson" (seiner Eigenart) selig werden solle.

Der zusammengefasste Text lautet so:

Der „aufgeklärte Absolutismus"
Maria Theresia (1740–1780), ihr Sohn Joseph II. (1765–1790) von Österreich und Friedrich II. (1740–1786) von Preußen herrschen im Sinn des „aufgeklärten Abso-lutismus". Sie modernisieren die staatlichen Organe, die soziale Ordnung und die Wirtschaft. Die Kirche stellen sie unter staatliche Aufsicht. Alle Glaubensrichtun-gen, auch die jüdische, sind gleichberechtigt.

Wissen kurz gefasst

Bei der Textzusammenfassung ist zu beachten:
- Bei der Textzusammenfassung informierst du über den Inhalt eines Textes.
- Wichtige Fakten, Personen oder Sachverhalte müssen genannt werden.
- Du musst die inneren Zusammenhänge des Dargestellten herausarbeiten.
- Die Textzusammenfassung wird im Sachstil abgefasst (Hypotaxen, indirekte Rede).
- Jede Textzusammenfassung steht im Präsens.

Die Inhaltsangabe

Mithilfe der Inhaltsangabe gibst du die Kernaussagen eines literarischen Textes so wieder, dass der Leser genau über den Inhalt dieses Textes Bescheid weiß. Dabei ist die Inhaltsangabe meist deutlich kürzer als der ursprüngliche Text. Auch die Inhaltsangabe gehört zu den informierenden Aufsatzarten und wird im Sachstil geschrieben.

Die Bedeutung der Inhaltsangabe

Die Inhaltsangabe ist der Textzusammenfassung sehr ähnlich. Inhaltsangaben von Erzählungen, Kurzgeschichten, Filmen usw. sollen den Leser kurz und sachlich über den Inhalt des jeweiligen Textes (oder Films) **informieren**. Die Inhaltsangabe beschränkt sich auf die **Wiedergabe der wesentlichen Aspekte der Handlung**. Für eine ausschmückende Wiedergabe von Stimmungen und Empfindungen sowie für Wertungen ist in der Inhaltsangabe kein Platz.
Im Unterschied zur Nacherzählung darf die Inhaltsangabe beim Leser **keine Spannung erzeugen**.

Aufbau der Inhaltsangabe

Die Inhaltsangabe besteht aus zwei (manchmal drei) Teilen – der Einleitung (dem Basissatz) und der Inhaltswiedergabe (und evtl. dem Schluss).
- Die **Einleitung** informiert den Leser über den Kontext des Textes: Sie nennt in der Form des **Basissatzes** den Verfasser des Textes, den Titel und die literarische Gattung sowie die Entstehungszeit, die Hauptperson(en) und die Kernaussage des Textes.
- Im **Hauptteil** wird der Inhalt der Vorlage sachlich wiedergegeben.
- Wird ein **Schlussteil** verlangt, kannst du ein begründetes eigenes Urteil abgeben.

Vorgehen beim Abfassen einer Inhaltsangabe

- **Lies** den Text erst **mehrmals gründlich** und mache dir klar, worum es geht.
- **Gliedere** den Text **in Sinnabschnitte** und arbeite die jeweiligen Inhalte heraus.
- **Kürze den Text**, indem du weniger Wichtiges (z. B. Beispiele oder Nebenhandlungen) weglässt.
- Fasse den Text dann **mit eigenen Worten** zusammen.

- Formuliere einen passenden **Basissatz**, der als Einleitung am Anfang der Inhaltsangabe steht.

Die Gestaltung der Inhaltsangabe
- Du darfst bei der Inhaltsangabe **keine Spannung erzeugen**.
- Gib das Dargestellte **nicht chronologisch** wieder, sondern arbeite die **inneren Zusammenhänge** heraus. Verbinde dabei Zusammengehöriges durch Hypotaxen.
- Löse dich von der Vorlage und schreibe die Inhaltsangabe **in eigenen Worten**. Du darfst einzelne Sätze oder Teile des Textes keinesfalls **wörtlich** übernehmen.
- Nenne die Fakten: **wichtige Personen, Figuren, Ereignisse** oder **Sachverhalte**.
- Verwende den **Sachstil** und gib wörtliche Rede in der Form der **indirekten Rede** wieder.
- Schreibe die Inhaltsangabe immer im **Präsens**.

Bei der Inhaltsangabe ist zu beachten: **Wissen kurz gefasst** ✓

- Bei der Inhaltsangabe informierst du über den Inhalt eines Textes oder Films. Für deine Gefühle und eine persönliche Wertung ist kein Platz.
- Die Inhaltsangabe ist zweiteilig (manchmal dreiteilig) aufgebaut: Im einleitenden Basissatz nennst du den Verfasser des Textes, den Titel und die literarische Gattung sowie Ort und Zeit der Handlung des Geschehens, die Hauptperson(en) und die Kernaussage des Textes. Im Hauptteil gibst du den Inhalt des Textes wieder. Im Schluss kannst du deine Meinung zur Geschichte angeben.
- Die Inhaltsangabe gibt Fakten wieder: Wichtige Sachverhalte und Personen müssen genannt, die inneren Zusammenhänge der Handlung herausgearbeitet werden.
- Die Inhaltsangabe wird im Sachstil abgefasst (Hypotaxen, indirekte Rede, sachliche Sprache).
- Die Inhaltsangabe steht immer im Präsens.

Das Protokoll

In offiziellen Sitzungen wird viel gesagt und manches vereinbart. Damit keine wesentlichen Aussagen und Beschlüsse in Vergessenheit geraten, werden die Sitzungsinhalte mitgeschrieben – protokolliert. Protokolle werden zu Bundestagssitzungen, Gerichtsverhandlungen, aber auch über Klassensprechersitzungen verfasst. Selbst über eine Unterrichtsstunde kann man ein Protokoll schreiben.

Zwei Arten des Protokolls

Man unterscheidet das Verlaufsprotokoll und das Ergebnisprotokoll.
Im **Verlaufsprotokoll** wird das Gesagte genau und in chronologischer Reihenfolge mitgeschrieben. Schriftlich festgehalten wird auch, wer etwas gesagt hat und wie die Anwesenden auf die Äußerungen reagiert haben.
Das **Ergebnisprotokoll** fasst in knapper Form die Ergebnisse von Sitzungen oder Besprechungen zusammen. Es ist wesentlich kürzer als das Verlaufsprotokoll.

Das Unterrichtsprotokoll (oder Stundenprotokoll)

Das Unterrichtsprotokoll stellt eine Mischung aus Verlaufs- und Ergebnisprotokoll dar. Es werden der Verlauf sowie wichtige Ergebnisse einer Unterrichtsstunde festgehalten.

Aufbau des Protokolls

- Im **Protokollkopf** werden Institution, Anlass, Datum sowie Zeit und Ort der Veranstaltung genannt. Außerdem gibt der Kopf Auskunft über die anwesenden und abwesenden Personen (meist mit Angabe des Verhinderungsgrundes) sowie über den Vorsitzenden der Veranstaltung und den Schriftführer.
- Die **Tagesordnung** listet die einzelnen Themen auf, die besprochen wurden und auf die in der Ausführung näher eingegangen wird.
- Am **Ende** des Protokolls bestätigen der Vorsitzende und der Schriftführer die Richtigkeit der Niederschrift durch ihre Unterschrift.

Sprachliche Gestaltung des Protokolls

- Protokolle werden im **Sachstil** verfasst. Sie geben nur Sachverhalte wieder, nicht Meinungen oder Beurteilungen des Protokollanten.
- **Satzgefüge** helfen, wichtige Inhalte oder Ergebnisse zu bündeln.

- Redebeiträge werden nie wörtlich, sondern – wenn sie besonders wichtig sind – in **indirekter Rede** wiedergegeben.
- Das Protokoll wird im **Präsens** oder im **Präteritum** geschrieben.

Beispiel für die Gestaltung eines Unterrichtsprotokolls:

Hans-Leinberger-Gymnasium Landshut   Schuljahr 2006/2007

Protokoll über die Geschichtsstunde der Klasse 8 A
am 27.06.2007

Ort:	Zimmer 213
Zeit:	8.00 – 8.45 Uhr
Anwesend:	31 Schülerinnen und Schüler der Klasse 8 A, Herr Maier
Abwesend:	Yvonne Weber (erkrankt)
Leiter:	Herr Maier
Protokollführerin:	Julia Enghofer
Thema der Stunde:	Ludwig XIV. als Herrscher
Tagesordnung:	1. „Ein König, ein Glaube, ein Gesetz"
	2. Die Rolle der Beamten

Zu Tagesordnungspunkt (TOP) 1:
…
Zu TOP 2:
…

_____   _____

Leiter   Protokollführerin

Beim Protokoll ist zu beachten: **Wissen kurz gefasst** ✓

- Man unterscheidet zwei Arten des Protokolls: das Verlaufs- und das Ergebnisprotokoll. Das Unterrichts- oder Stundenprotokoll stellt eine Mischform dar.
- Auf die Einhaltung der üblichen Form ist zu achten.
- Protokolle werden im Sachstil verfasst – ohne persönliches Werturteil des Protokollführers. Wörtliche Rede wird in Form der indirekten Rede wiedergegeben.
- Protokolle werden im Präsens (oder im Präteritum) abgefasst.

Argumentieren

Um andere von der eigenen Meinung zu überzeugen, reicht es nicht, auf den eigenen Wünschen und Vorstellungen zu beharren – meist erreicht man damit das Gegenteil von dem, was man eigentlich will. Diese Erfahrung hat jeder selbst schon in Diskussionen gemacht, die nicht zum gewünschten Ergebnis geführt haben.
Wenn man seine Mitmenschen von einer Sache überzeugen will, braucht man gute Argumente und muss diese schlüssig vorbringen.

Anlässe zum Argumentieren

Es gibt viele Gelegenheiten, bei denen man argumentieren muss:
- gegenüber den Eltern, weil man in den Sommerferien eine teure Sprachreise unternehmen will,
- gegenüber dem Lehrer, den man dazu bringen will, auf die Deutschhausaufgabe zu verzichten, weil am folgenden Tag eine Mathematikschulaufgabe ansteht,
- gegenüber dem Schulleiter, weil die Klasse ins Schullandheim fahren will usw.

Oft muss man mündlich argumentieren, manchmal aber auch schriftlich, z. B. wenn man einen Leserbrief zur Einführung einer Tempo-30-Zone in seinem Wohngebiet schreibt und mit diesem andere Leser für das eigene Vorhaben gewinnen will.

Prinzip der Argumentation

Eine Argumentation soll andere Menschen überzeugen. Deshalb reicht es nicht, nur Behauptungen aufzustellen („Wenn ich die Sommerferien in London verbringen darf, werden meine Englischnoten besser"). Vielmehr muss man eine solche Behauptung gut begründen, was mithilfe von treffenden Argumenten (Begründungen) geschieht. Oft hilft ein zusätzliches Beispiel, die Richtigkeit der Behauptung zu veranschaulichen.

Aufbau einer Argumentation

Die einzelnen Schritte, in denen du deine Argumentation darlegen solltest, sind:

Argumentationsschritt	Bedeutung	Beispiel
Die **Behauptung** nennt man auch **These**.	Das ist der Ausgangspunkt deiner Argumentation; was die These besagt, möchtest du erreichen oder akzeptiert wissen.	*Ich möchte die nächsten Sommerferien in London verbringen, um meine Englischkenntnisse zu verbessern.*
Die **Begründung** wird auch **Argument** genannt.	Mithilfe des Arguments willst du die Leser von der Richtigkeit und Wichtigkeit deiner These überzeugen. Es gibt verschiedene Arten von Argumenten: – Das **Praxisargument** stützt sich auf allgemein überprüfbare Beobachtungen oder Tatsachen. – Das **Autoritätsargument** beruft sich auf Fachleute, Statistiken, wissenschaftliche Werke usw. – Das **Evidenzargument** bezieht sich auf einleuchtende Beobachtungen und Erfahrungen.	 – *Mein Freund Sven war im letzten Jahr dort und hat jetzt viel bessere Noten in Englisch.* – *Sprachreisen ins Ausland werden sogar vom Kultusministerium zur Leistungssteigerung empfohlen.* – *Viele Sprachschulen verpflichten ihre Schüler, drei Wochen in England zu verbringen, um ihre Sprachkenntnisse zu verbessern.*
Das **Beispiel** ist oft schon im Argument enthalten.	Das Praxisargument (vgl. oben) könnte als Beispiel für das Evidenz- oder das Autoritätsargument dienen.	– *Mein Freund Sven war im letzten Jahr dort und hat jetzt viel bessere Noten in Englisch.*

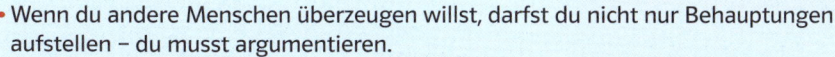

Beim Argumentieren ist zu beachten: Wissen kurz gefasst ✓

- Wenn du andere Menschen überzeugen willst, darfst du nicht nur Behauptungen aufstellen – du musst argumentieren.
- Eine stimmige Argumentation besteht aus Behauptung, Begründung und meist auch aus einem Beispiel bzw. einem Beweis.

Die begründete Stellungnahme

Wenn du zu einem allgemein interessierenden Thema eine fundierte Meinung hast, solltest du diese äußern. Wenn du das schriftlich machst und z. B. einen Leserbrief an eine Zeitung schreibst, kannst du in der Form der begründeten Stellungnahme deine Meinung darlegen.

Anlässe für eine begründete Stellungnahme

Bei der begründeten Stellungnahme handelt es sich um eine Form des **schriftlichen Argumentierens**. Diese ist z. B. angebracht, wenn du
- den Elternbeirat bittest, eure Klassenfahrt ins Schullandheim finanziell zu unterstützen,
- einen ortsansässigen Sportartikelhersteller bittest, deiner Schule Bälle für die Aktion „Bewegte Pause" kostenlos zur Verfügung zu stellen,
- einen Leserbrief an die Lokalredaktion deiner Zeitung schreibst und dich für eine Tempo-30-Zone vor der Schule aussprichst.

Vorarbeiten

Damit deine begründete Stellungnahme hieb- und stichfest ist, musst du dich sachkundig machen:
- **sammle** dazu alle **Informationen**, an die du herankommst,
- schreibe dann alle Informationen, die dir als Argumente dienen können, in Form einer **ungeordneten Stoffsammlung** auf,
- **ordne die einzelnen Argumente** nach ihrer Zusammengehörigkeit,
- entscheide dich abschließend, welche Argumente du vorbringen und welche du lieber weglassen willst.

Formulierung einer These

Formuliere das, was du erreichen willst, in Form einer These (Behauptung, Anregung, Empfehlung oder Forderung).

Aufbau und Ausführung

Bei der schriftlichen Formulierung deiner begründeten Stellungnahme darfst du nicht mit der Tür ins Haus fallen und sofort deine Anregungen oder Forderungen nennen. Bemühe dich um einen sinnvollen Aufbau deines Textes.
- Formuliere zuerst eine **Einleitung**, die zum Problem hinführt.
- Nenne zu Beginn des **Hauptteils** deine **These**.

- Führe dann das **Argument** an, das deine These stützt. Noch wirkungsvoller ist es, mehrere Argumente anzuführen; achte dabei auf eine sinnvolle Reihenfolge. Du kannst mit dem stärksten Argument beginnen und dann zum schwächsten kommen – oder umgekehrt.
- Veranschauliche deine Argumente jeweils durch passende **Beispiele**.
- Wiederhole im **Schlussteil** mit Nachdruck die Wichtigkeit deiner These.

Sprachliche Gestaltung
Verwende bei der begründeten Stellungnahme einen **sachlichen Stil**, der dein Anliegen glaubhaft erscheinen lässt. Achte auf eine **logische Darstellung der Zusammenhänge**, verwende Hypotaxen, passende Konjunktionen, Adverbien und Fachbegriffe, die dich als Kenner der Thematik ausweisen. Schreibe die begründete Stellungnahme immer im **Präsens**.

Wissen kurz gefasst ✓

Bei der begründeten Stellungnahme ist zu beachten:

- Mache dich vor dem Schreiben sachkundig, sammle Informationen und ordne sie sinnvoll.
- Notiere alle Informationen, die dir als Argumente dienen können.
- Formuliere dein Anliegen in Form einer These.
- Gliedere die begründete Stellungnahme in Einleitung (Hinführung zum Thema), Hauptteil (Nennung der These, Ausführung der Argumente, Veranschaulichung durch Beispiele) und Schluss (nachdrückliche Betonung der Ausgangsthese).
- Verwende Sachstil (logische Satzverknüpfungen, passende Konjunktionen und Adverbien, Fachbegriffe).
- Die begründete Stellungnahme schreibt man im Präsens.

Die steigernde Erörterung

In der steigernden Erörterung sollst du einen Sachverhalt begründen. Deshalb musst du Argumente finden, die die in der Aufgabenstellung vorgegebene These stützen.

Diese Form der Erörterung nennt man lineare Erörterung oder steigernde Erörterung.

Formulierung des Themas

Um die steigernde Erörterung zu erkennen, musst du genau darauf achten, wie das Thema der Erörterung lautet: Eine steigernde Erörterung erfordert immer eine **Ergänzungsfrage** (auch **Wortfrage** genannt), z. B. „**Warum** ist es sinnvoll, einen Klassensprecher zu wählen?"

Im Erörterungsaufsatz sollst du nicht abwägen, ob es sinnvoll ist, einen Klassensprecher zu wählen, sondern warum es sinnvoll ist.

Achte genau auf die Aufgabenstellung, damit du nicht am Thema vorbeischreibst.

Stoffsammlung

Suche bei der Stoffsammlung möglichst viele Argumente, welche die in der Aufgabe **vorgegebene These stützen**. Solche Argumente können sein:

- Der Klassensprecher ist demokratisch gewählt – Demokratie kann man nicht früh genug einüben.
- Der Klassensprecher bringt die Meinung der gesamten Klasse vor, er ist deshalb persönlich unangreifbar.
- Der Klassensprecher ist für die Lehrer der erste Ansprechpartner in der Klasse.

Stoffordnung

Ordne dann deine Argumente so, dass **das gewichtigste Argument**, das den Leser der Erörterung schließlich überzeugen soll, **am Ende** steht.

„Warum ist es sinnvoll, einen Klassensprecher zu wählen?"

- Der Klassensprecher ist demokratisch gewählt – Demokratie kann man nicht früh genug einüben.
- Der Klassensprecher ist für die Lehrer der erste Ansprechpartner in der Klasse.
- Der Klassensprecher bringt die Meinung der gesamten Klasse vor, er ist deshalb persönlich unangreifbar.

Diesen Aufbau – vom schwächsten Argument zum stärksten – nennt man **Klimax** (Steigerung).

Anfertigen einer Gliederung

Übertrage die geordnete Stoffsammlung in eine Gliederung, **ergänze einen passenden Einleitungs- und Schlussgedanken**. Hinweise zur Gliederung findest du auf den Seiten 34 und 35.

Der Erörterungsaufsatz

Gestalte im Hauptteil deines Erörterungsaufsatzes die einzelnen Argumente anschaulich aus. Halte dich dabei an das Schema:

Behauptung → **Begründung** → **Beispiel**

Gestaltung von Einleitung und Schluss

Leite deinen Erörterungsaufsatz mit einem passenden Gedanken ein, der zum Thema hinführt (Einleitung). Im Schluss kannst du deine eigene Meinung oder mögliche Folgen darlegen, die sich aus deiner Erörterung für das behandelte Problem ergeben.

Sprachliche Gestaltung

Verwende in der Erörterung immer **Sachstil**, also Hypotaxen (Satzgefüge), passende Konjunktionen, Adverbien und Fachbegriffe. Schreibe im **Präsens**.

Wissen kurz gefasst

Bei der steigernden Erörterung ist zu beachten:

- Eine steigernde Erörterung benötigt immer eine Ergänzungsfrage (Wortfrage).
- Lege eine Stoffsammlung an, in der du die Argumente sammelst, die die vorgegebene These stützen.
- Ordne die Argumente dann vom schwächsten zum stärksten (steigernder, klimaktischer Aufbau).
- Lege auf der Grundlage der geordneten Argumente eine Gliederung an.
- Schreibe auf der Grundlage deiner Gliederung den Erörterungsaufsatz. Begründe jede Behauptung und veranschauliche deine Argumentation durch ein passendes Beispiel.
- Schreibe sachlich und im Präsens.

Die Pro-und-Kontra-Erörterung

Die Pro-und-Kontra-Erörterung dient der vertieften Auseinandersetzung mit einem Thema. Du kannst dir dabei durch Abwägen von verschiedenen – auch sich widersprechenden – Argumenten eine durchdachte eigene Meinung bilden. Diese Form der Erörterung nennt man die dialektische Erörterung oder Pro-und-Kontra-Erörterung.

Formulierung des Themas

Bei einer Pro-und-Kontra-Erörterung ist das Thema in der Form der **Entscheidungsfrage** oder **Satzfrage** gestellt, z. B.: „Ist es sinnvoll, in der Unterstufe einen Klassensprecher wählen zu lassen?" Deine Aufgabe ist es, abzuwägen und dich für eine Zustimmung oder für eine Ablehnung dieser Frage zu entscheiden.

Erfassen des Themas

Um ein Problem zielgerichtet erörtern zu können, ist es notwendig, das Thema der Erörterung genau zu erfassen. Beim Thema „Ist es sinnvoll, in der Unterstufe einen Klassensprecher wählen zu lassen?" geht es nicht um die Frage, ob das Amt des Klassensprechers sinnvoll ist, sondern nur darum, ob es sinnvoll ist, dass schon in der Unterstufe ein Klassensprecher gewählt wird.
Es heißt also genau aufzupassen und die **Aufgabenstellung genau zu lesen,** damit du dann nicht am eigentlichen Thema vorbei argumentierst.

Stoffsammlung

Suche bei der Stoffsammlung **möglichst viele Argumente,** die dafür oder dagegen sprechen, dass schon in der Unterstufe ein Klassensprecher gewählt wird.

Stoffordnung

Damit in deiner Erörterung keine Argumente doppelt vorkommen und damit du weißt, ob du für oder gegen die Wahl eines Klassensprechers in der Unterstufe schreiben sollst, musst du deine Argumente ordnen:
1. **Gegen die Wahl** eines Klassensprechers in der Unterstufe spricht:
   - Ein Klassensprecher ist verzichtbar, denn meist wird sowieso nur der Klassenclown gewählt.
   - Der Klassensprecher kümmert sich meist nur um seine eigenen Belange, nicht um die der Klasse.

2. **Für die Wahl** eines Klassensprechers in der Unterstufe spricht:
- Der Klassensprecher ist demokratisch gewählt – Demokratie kann man nicht früh genug einüben.
- Der Klassensprecher bringt die Meinung der gesamten Klasse vor, er ist deshalb persönlich unangreifbar.
- Der Klassensprecher ist für die Lehrer der Ansprechpartner in der Klasse.

Die Stoffordnung ergibt, dass mehr und gewichtigere Argumente für die Wahl eines Klassensprechers in der Unterstufe sprechen als dagegen: Dies musst du in deiner Erörterung zum Ausdruck bringen.

Anfertigen einer Gliederung
Die geordnete Stoffsammlung ist die Grundlage für die Gliederung zu deiner Erörterung (zur Gliederung s. S. 34 und 35). Du musst jedoch noch einen **Einleitungsgedanken**, der zum Thema hinführt, und einen **Schlussgedanken**, in dem du abschließend deine eigene Meinung zusammenfasst, ergänzen. Nach dieser Gliederung schreibst du dann deinen Erörterungsaufsatz.

Die Argumentation
Im Erörterungsaufsatz musst du die einzelnen Argumente anschaulich ausgestalten. Dabei kannst du so vorgehen, wie du es bei der begründeten Stellungnahme (S. 28–29) gelernt hast: **Nenne deine Behauptung, begründe** sie und gib ein **Beispiel** für ihre Richtigkeit. **Einleitung** und **Schluss** runden den Aufsatz ab.

Sprachliche Gestaltung
Bei der Pro-und-Kontra-Erörterung musst du den **Sachstil** verwenden: Hypotaxen, passende Konjunktionen, Adverbien und Fachbegriffe. Schreibe im **Präsens**.

Wissen kurz gefasst

Bei der Pro-und-Kontra-Erörterung ist zu beachten:

- Eine Pro-und-Kontra-Erörterung benötigt immer eine Entscheidungsfrage.
- Lies die Aufgabenstellung genau, kläre was das Thema der Erörterung beinhaltet.
- Lege eine Stoffsammlung an, in der du Pro-und-Kontra-Argumente sammelst.
- Ordne die Argumente und erstelle eine Gliederung.
- Schreibe nun auf der Grundlage deiner Gliederung den Erörterungsaufsatz. Führe zu jeder Behauptung eine Begründung und ein Beispiel an.
- Achte darauf, dass du dich sachlich äußerst. Schreibe im Präsens.

Eine Gliederung erstellen

Zu jedem Erörterungsaufsatz musst du eine Gliederung erstellen. Diese Gliederung hilft dir, den Aufsatz geordnet aufzuschreiben; sie hilft auch dem Leser, deinem Gedankengang zu folgen.

Unterschiedliche Gliederungstypen

Gliederungen zu einem Erörterungsaufsatz unterscheiden sich inhaltlich. Sie sind aber auch hinsichtlich ihres Aufbaus verschieden: Die Gliederung zu einer steigernden Erörterung ist im Hauptteil anders als die zu einer Pro-und-Kontra-Erörterung.

Aufbau der Gliederung

Die Gliederung der Erörterung besteht aus drei Hauptpunkten: **Einleitung, Hauptteil und Schluss**. Die Einleitung stimmt den Leser auf die Thematik ein, sie führt zum Hauptteil hin. Im Hauptteil findet die eigentliche Erörterung statt. Der Schluss rundet den Aufsatz ab.

Die Gliederung der steigernden Erörterung

An folgendem Beispiel siehst du, wie die Gliederung gestaltet sein kann:

„Warum ist es sinnvoll, einen Klassensprecher zu wählen?"

A Die Schulordnung sieht die Wahl eines Klassensprechers vor.	Einleitung
B Warum ist es sinnvoll, einen Klassensprecher zu wählen?	Hauptteil: Themafrage
1. Einübung demokratischer Gepflogenheiten	Argument 1
2. Der Klassensprecher als erster Ansprechpartner der Lehrer	Argument 2
3. Der Klassensprecher als Vertreter der Klasse	Argument 3
4. Die Unangreifbarkeit des Klassensprechers	Argument 4
C Der Klassensprecher kann Veränderungen in der Schule bewirken.	Schluss

Die Gliederung ist steigernd (klimaktisch) gestaltet; das wichtigste Argument des Hauptteils kommt als letztes.

Die Gliederung der Pro-und-Kontra-Erörterung

Das folgende Beispiel zeigt, wie eine Gliederung gestaltet sein kann:

„Ist es sinnvoll, in der Unterstufe einen Klassensprecher wählen zu lassen?"

A In allen Klassen wird ein Klassensprecher gewählt.　　Einleitung

B Ist es sinnvoll, in der Unterstufe einen　　　　　　　Hauptteil
　　Klassensprecher wählen zu lassen?　　　　　　　　　Themafrage
　　I. Argumente, die dagegen sprechen:　　　　　　　Kontra-Argumente
　　　　1. Meist wird der Klassenclown gewählt.　　　　Argument 1
　　　　2. Der Klassensprecher kümmert sich meist nur um　Argument 2
　　　　　　seine eigenen Belange, nicht um die der Klasse.
　　II. Argumente, die dafür sprechen:　　　　　　　　Pro-Argumente
　　　　1. Der Klassensprecher ist demokratisch gewählt –　Argument 1
　　　　　　Demokratie kann man nicht früh genug einüben.
　　　　2. Der Klassensprecher ist für die Lehrer der erste　Argument 2
　　　　　　Ansprechpartner in der Klasse.
　　　　3. Der Klassensprecher bringt die Meinung der　　Argument 3
　　　　　　gesamten Klasse vor, er ist deshalb persönlich
　　　　　　unangreifbar.

C Klassensprecher sollte es auch künftig in allen　　　Schluss
　　Jahrgangsstufen geben.

Auch diese Gliederung folgt in den Unterpunkten B I und B II jeweils dem steigernden Aufbau. In B I stehen die wenigeren Aspekte, denen man selbst nicht zustimmen kann, in B II stehen die Argumente, die man selbst unterstützt. Sie sind auch zahlreicher.

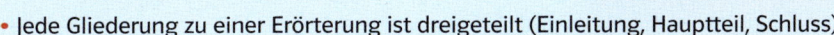

Wissen kurz gefasst ✓

Beim Erstellen einer Gliederung ist zu beachten:

- Jede Gliederung zu einer Erörterung ist dreigeteilt (Einleitung, Hauptteil, Schluss).
- Bei der steigernden Erörterung stehen im Hauptteil nur Argumente, die die These stützen.
- Bei der Pro-und-Kontra-Erörterung finden sich im Hauptteil Argumente für die These und solche, die dagegen sprechen. Im Sinne der Steigerung kommen in B I zuerst die Argumente, die man selbst für die schwächeren hält, in B II folgen die Argumente, denen man selbst zustimmt.

35

Interpretieren

Wenn man einen literarischen Text wirklich verstehen will, genügt es nicht, ihn zu lesen. Man muss sich mit ihm auseinandersetzen, überlegen, was er bedeuten und aussagen könnte – und man muss ihn schließlich deuten, interpretieren.
Dazu braucht es Vorarbeiten, diese können sein: den Aufbau des Textes betrachten, die Figuren charakterisieren, die Sprache untersuchen usw.
Bei einer gelungenen Interpretation decken sich die Ergebnisse der Untersuchung aus allen Teilbereichen.

Beim **Interpretieren** muss man verschiedene Teilaspekte eines Textes genau **untersuchen**.

Folgende Fragen solltest du dir stellen:
Zum Textinhalt
- Worum geht es in diesem Text? Was ist der Inhalt des Textes? Welches Thema wird behandelt?
- Wann und wo spielt die Handlung? Ist das für das Geschehen wichtig? Warum ist es wichtig bzw. unwichtig?
- Welchen Verlauf nimmt die Handlung?

Zur Überschrift
- Was sagt die Überschrift aus?
- Informiert sie über den Textinhalt oder erzeugt sie Spannung?
- Weist sie auf wichtige Personen oder Handlungen hin?

Zum Textaufbau
- Wie ist der Text aufgebaut? Ist er klar gegliedert?
- Gibt es eine Einleitung? Welche Funktion hat sie?
- Welche Sinnabschnitte kannst du feststellen? Wie lang sind sie? Welche Informationen über die Wichtigkeit der Handlung kannst du ihnen entnehmen?
- Besteht der Text nur aus einem Handlungsstrang oder gibt es eine oder mehrere Nebenhandlungen? In welchem Verhältnis zueinander stehen die Haupthandlung und die Nebenhandlung(en)?
- Wie ist der Höhepunkt angelegt? Ist er spannend, gut vorbereitet, erwartet oder plötzlich?

- Wie ist der Schluss gestaltet? Bringt er das Geschehen zu einem Abschluss oder bleibt der Ausgang offen? Enthält er eine entscheidende Aussage, die das Verständnis des Textes erleichtert?

Zur Charakterisierung der Figuren
- Welche Figuren kommen in diesem Text vor? Welche sind als Haupt-, welche als Nebenfiguren gestaltet?
- Was macht die Hauptfiguren zu Hauptfiguren, was die Nebenfiguren zu Nebenfiguren? Welche Funktion haben sie jeweils in diesem Text?
- Wofür stehen die Hauptfiguren? Welche Werte, welche Handlungsweisen vertreten sie?
- Passt ihr Handeln zu ihren Aussagen oder gibt es Widersprüche?

Zu sprachlichen Auffälligkeiten
- Welche Schlüsselwörter fallen auf? Worauf deuten sie hin?
- Welche Motive oder Leitmotive kommen in diesem Text vor?
- In welcher Stilebene ist der Text abgefasst? Herrscht Schriftsprache vor oder gibt es Passagen in Dialekt oder Umgangssprache? Welche Wirkung hat dies?
- Gibt es Auffälligkeiten in der Wortwahl? Worauf lassen sie schließen?
- Herrscht hypotaktischer oder parataktischer Stil vor? Welche Wirkung wird damit erzielt?
- Gibt es auffällige stilistische Mittel? Wofür stehen sie?
- Was zeigt der Gebrauch des Tempus?

Um zu einer abschließenden **Deutung** – einer Interpretation – des Textes zu kommen, muss man fragen:
- Wie kann man die einzelnen Untersuchungsergebnisse zusammenfügen?
- Stimmen sie in ihrer Kernaussage überein oder widersprechen sie sich?
- Stützt die Sprachanalyse die inhaltliche Analyse oder gibt es Widersprüche?

Beim Interpretieren ist zu beachten: | **Wissen kurz gefasst**

- Um einen literarischen Text zu verstehen, musst du ihn nach bestimmten Aspekten untersuchen.
- Solche Aspekte können sein: der Inhalt des Textes, seine Überschrift und sein Aufbau. Außerdem müssen die vorkommenden Figuren und die sprachlichen Auffälligkeiten untersucht werden.
- Die Deutung (Interpretation) des Textes gründet sich auf diese Vorarbeiten.

Die erweiterte Inhaltsangabe

Die erweiterte Inhaltsangabe ist eine einfache Form der Interpretation. Dabei beschäftigt man sich nicht nur mit dem Inhalt eines poetischen Textes, sondern auch mit seiner Gestaltung. Diese ist vom Autor ganz bewusst gewählt und muss daher in die eigenen Überlegungen einbezogen werden, wenn man zu einer gut begründeten Deutung eines Textes kommen will.
Meist wird dir für die erweiterte Inhaltsangabe ein Prosatext vorgelegt.

Aufbau der erweiterten Inhaltsangabe

Die erweiterte Inhaltsangabe ist dreiteilig aufgebaut:

1. **Einleitung**: In der Form des Basissatzes, den du schon von der Inhaltsangabe kennst, nennst du Autor, Titel, Textsorte, Entstehungszeit und Thematik.
2. **Inhaltszusammenfassung**: Hier gibst du in sachlicher Sprache und in eigenen Worten den Inhalt des Textes wieder – genau wie bei der Inhaltsangabe.
3. **Beantwortung vorgegebener Erschließungsfragen**: In diesem Teil beantwortest du mehrere Teilfragen, die dir helfen, die Aussage des Textes zu verstehen.

Mögliche Aspekte der Erschließung

Im dritten Teil der erweiterten Inhaltsangabe werden dir verschiedene Einzelfragen vorgelegt, die du mithilfe deiner Textkenntnis beantworten sollst. Wichtig ist, dass du die Fragen ausführlich beantwortest und deine Aussagen überzeugend wirken. Dazu musst du entweder schlüssig argumentieren oder Stellen aus dem Text zitieren, die deine Aussage stützen.
Folgende Aspekte können durch Fragen erschlossen werden:

- **Erzählperspektive**
  Aus welcher Sicht wird erzählt? Gibt es einen **auktorialen (allwissenden) Erzähler**, der über dem Geschehen steht, der über alles Bescheid weiß, die Gedanken und Gefühle aller Personen, die Vorgeschichte der Handlung und ihren Ausgang kennt, Schauplätze beliebig wechseln kann?
  Oder erzählt ein **Ich-Erzähler**, der das Geschehen aus seiner eigenen, begrenzten Sichtweise darstellt, der nur seine eigenen Gedanken und Gefühle, nicht die der anderen Personen kennt, der dem Leser das Gefühl vermittelt, selbst unmittelbar an der Handlung beteiligt zu sein?
- **Aufbau**
  Ist der Text **in Sinnabschnitte gegliedert** und welche Bedeutung haben diese

jeweils? Ist das Geschehen **chronologisch** erzählt oder gibt es **Vorgriffe, Rückblenden** oder **Zeitsprünge**? Gibt es einen Anfang und ein Ende oder ist der **Schluss offen**?

- **Personen**
  Wie viele Personen kommen vor? Kann man **Hauptpersonen** und **Nebenfiguren** unterscheiden? Wie sind die Hauptpersonen **charakterisiert** (Alter, Geschlecht, Beruf, gesellschaftliche Stellung, Aussehen, Sprache, auffällige Charaktereigenschaften usw.)?

- **Sprachliche Gestaltung**
  Welche **Wortwahl** ist vorherrschend (gehobene Sprache, Alltagssprache, Umgangssprache, Dialekt, veraltete Wendungen)? Ist der **Satzbau** einfach (Parataxen, Einwortsätze, Ellipsen) oder komplex (Hypotaxen, verschiedene Satzarten)? Gibt es auffällige **rhetorische Figuren** (z. B. Inversion, Parallelismus, Chiasmus, Anapher, Wiederholungen, rhetorische Frage)?

- **Textsorte**
  Nach der gründlichen Untersuchung des Textes kannst du ihn einer bestimmten Textsorte zuordnen. Die Kennzeichen dieser Textsorte musst du am vorliegenden Text **nachweisen** können.
  Da dir bei der erweiterten Inhaltsangabe in der Regel ein Prosatext vorliegt, kommen folgende Textsorten in Frage: Märchen, Sage, Legende, Fabel, Parabel, Kalendergeschichte, Erzählung, Kurzgeschichte, Anekdote. Möglicherweise handelt es aber auch um einen Auszug einer Novelle oder eines Romans.

- **Wirkung auf den Leser**
  Wenn du die Wirkung auf den Leser beschreiben sollst, solltest du von dir selbst ausgehen: Wie wirkt der Text auf dich? Warum wirkt er so? Achte darauf, dass du **deine Meinung gut begründest**, nütze dazu die Vorarbeiten, die du bei den anderen Erschließungsfragen geleistet hast.

Wissen kurz gefasst ✓

Bei der erweiterten Inhaltsangabe ist zu beachten:

- Die erweiterte Inhaltsangabe baut auf der Inhaltsangabe auf.
- Die erweiterte Inhaltsangabe ist dreiteilig aufgebaut: Einleitung (Basissatz), Textzusammenfassung, Beantwortung vorgegebener Fragen.
- Die Fragen zum Text können sich beziehen auf: die Erzählperspektive, den Aufbau des Textes, Personen, die sprachliche Gestaltung und die Wirkung auf den Leser.

Literarische Figuren charakterisieren

Nicht alle Figuren, die in einer Erzählung, einem Roman oder einem Drama auftreten, wirken auf den Leser gleichermaßen sympathisch. Das liegt nicht nur an den persönlichen Vorlieben des Lesers, sondern vor allem daran, wie dem Leser eine Figur nahegebracht, beschrieben wird, und mit welchen Attributen sie ausgestattet ist. Dies herauszuarbeiten ist Ziel der literarischen Charakteristik.

Die Charakterisierung

Will man eine literarische Figur charakterisieren, muss man den Text genau lesen – er gibt alle Hinweise, die man benötigt. Aber Vorsicht: Nicht jede Aussage über eine Figur kann man unbesehen übernehmen. Schließlich kommt es darauf an, wer diese Aussage macht. Folgende Möglichkeiten gibt es:

1. **Der Erzähler charakterisiert eine Figur:** Er stellt die Figur vor, beschreibt ihr Äußeres, bewertet ihr Verhalten, erläutert ihre Beziehung zu anderen Figuren, beurteilt ihre intellektuellen und emotionalen Fähigkeiten usw.
2. **Andere Figuren aus dem Text charakterisieren diese Figur:** Sie beschreiben sie äußerlich, loben und kritisieren sie, vergleichen sie mit anderen, bewerten ihr Verhalten, respektieren ihre Eigenart, ihre Gefühle oder ignorieren sie.
3. **Die Figur charakterisiert sich selbst:** durch Aussagen über sich selbst, aber auch durch ihre Einstellung zu anderen Figuren sowie durch ihre Handlungen und ihre Verhaltensweise.

Mögliche Aspekte der Charakterisierung

Um eine literarische Figur charakterisieren zu können, muss man möglichst viele Informationen über sie sammeln. Diese sollte man dann nach Oberbegriffen ordnen, z. B.:

- Die **äußere Erscheinung** (Alter, Aussehen, Bekleidung usw.) sagt nicht viel über einen Menschen aus, aber sie prägt das Bild, das andere von ihm haben, und darf daher nicht vernachlässigt werden.
- Auch die **äußeren Lebensumstände** prägen eine Person und müssen genannt werden: Lebensweise, Wohn- und Arbeitsverhältnisse, Auftreten und Benehmen usw.
- Zu welchen **Mitmenschen** hat die zu charakterisierende Figur Kontakt? Gibt es eine Familie, Freunde, vielleicht auch Gegner, sogar Feinde? Wie sind diese gekennzeichnet und welches Licht werfen sie auf die Figur?

- Ebenso sind die **Äußerungen und Handlungen** einer Figur für ihre Charakterisierung wichtig. Was sagt sie, was tut sie? Was sind ihre Beweggründe? Was will sie erreichen oder verhindern? Wie verhält sie sich in kritischen Situationen? Wie spricht sie? Äußert sie sich eher sachlich oder emotional? Zeigt sie sich in ihrer Sprache als gebildet oder ungebildet, feinfühlig oder grob?
- Sehr wichtig sind die **Lebenserfahrungen**, die Biografie einer Person, ihr Lebenslauf. Was hat die Person bisher erlebt? Was hat sie zu dem gemacht, was sie heute ist? Welche Schicksalsschläge musste sie hinnehmen, welche Erfolge konnte sie feiern? Welche besonderen Erlebnisse prägen ihr jetziges Verhalten?

Niederschrift der Charakteristik

Eine literarische Charakteristik kann nie vollkommen objektiv sein, denn die Bewertung der einzelnen Charaktermerkmale ist immer durch den Betrachter geprägt. Trotzdem solltest du auf größtmögliche Objektivität und eine sachliche Darstellung achten. Vor allem musst du abwägen, wie verlässlich die Informationen sind.

Du kannst eine literarische Charakteristik dreiteilig anlegen:
1. **Einleitung**: Hinweise zu Verfasser, Titel und Entstehungszeit des Werkes
2. **Hauptteil**: Charakterisierung der Person (von der äußeren Erscheinung zu den charakterlichen Eigenarten)
3. **Schluss**: zusammenfassende Beurteilung der Person

Wissen kurz gefasst ✓

Bei der Charakterisierung literarischer Figuren ist zu beachten:

- Im Mittelpunkt einer literarischen Charakteristik steht eine Person aus einem dramatischen, lyrischen oder Prosawerk.
- Informationen über die Person bekommst du aus dem Text: Entweder geben der Erzähler oder andere Figuren Hinweise, oder die betreffende Person charakterisiert sich selbst.
- In die literarische Charakteristik sollten die äußere Erscheinung der Person, ihre Lebensumstände, ihre Haltung zu den Mitmenschen sowie das, was sie sagt oder tut, einfließen. Wenn möglich, kann auch ihr Lebenslauf herangezogen werden.
- Eine literarische Charakteristik ist dreiteilig aufgebaut.

Literarische Texte

Im Deutschunterricht des Gymnasiums lernst du verschiedene literarische Texte kennen: Märchen, Sagen, Kurzgeschichten, Romane, Schauspiele, Balladen, Jugendbücher und andere mehr.

Literarische Texte sind dichterische Texte; ein Autor hat sie erdichtet, also erfunden. Sie erheben nicht den Anspruch, ein Geschehen wiederzugeben, das sich wirklich ereignet hat – manchmal trifft das zu, meist jedoch nicht.

Literarische Texte findest du in allen Medien, im Buch, im Radio (z. B. das Hörspiel), im Fernsehen oder im Kino (wenn ein Buch verfilmt wird), aber auch in der Tageszeitung (oft in der Form des Fortsetzungsromans) und im Internet (z. B. wenn jemand Gedichte auf seine Homepage stellt).

Literatur

Die Literatur nennt man auch **Dichtung**. Literarische Texte sind Texte, die etwas Erfundenes, Erdichtetes zum Inhalt haben. Man teilt sie in drei große Gruppen:

- **Erzählende Texte**
  Diese sind oft in Alltagssprache geschrieben. Man nennt sie auch epische Texte oder **Prosatexte**. Dazu gehören Anekdoten, Kurzgeschichten, Erzählungen, Novellen und Romane. Erzählende Texte werden von einer **Erzählerfigur** wiedergegeben. Dieser Erzähler ist eine vom Autor erfundene Figur. Er kann unterschiedliche Sichtweisen einnehmen – je nachdem, was der Autor beabsichtigt: Die Erzählerfigur kann aus der Ich-Perspektive oder aus einer allwissenden Sicht erzählen, man spricht dann vom **Ich-Erzähler** oder vom **allwissenden** (auktorialen oder olympischen) **Erzähler**.

- **Dramatische Texte**
  Kurze dramatische Texte nennt man **Szenen**, längere **Schauspiele** (oder Dramen). Schauspiele kann man nach ihrem Inhalt unterscheiden: Sind sie lustig und haben einen guten Ausgang (Happy End), spricht man von **Lustspielen** oder Komödien. Thematisieren sie ein tiefgehendes Problem oder einen Konflikt und enden tragisch, spricht man von **Trauerspielen** oder Tragödien. Es gibt auch eine Mischform, dabei ist die Handlung meist witzig, hat aber einen tragischen Kern. Diese Form des Dramas nennt man **Tragikomödie**. Auch **Filme**, **Fernsehspiele** oder **Hörspiele** gehören zu den dramatischen Texten. Das entscheidende Kriterium, an dem man dramatische Texte erkennen kann, ist folgendes: Es gibt keinen Erzähler (wie z. B. im Roman); die Figuren sind die Träger der Handlung und sprechen in **Monologen** und **Dialogen**.

- **Lyrische Texte**

  Zu den lyrischen Texten gehören alle Arten von **Gedichten** (also auch das Sonett und die Ballade sowie Liedtexte). Gedichte erkennt man daran, dass sie anders als erzählende Texte nicht in Prosa, sondern in **gebundener Sprache** (in Versen, gegliedert nach Strophen) abgefasst sind. Gedichte **reimen** sich oft am Ende der Verse (Endreim), meist besitzen sie einen eigenen **Rhythmus**, häufig sind sie auch durch die Verwendung vieler **stilistischer Mittel** (Anapher, Inversion usw.) gekennzeichnet. Auf den ersten Blick erkennt man ein Gedicht am **Druckbild**, da ein Vers meist keine ganze Druckzeile füllt.

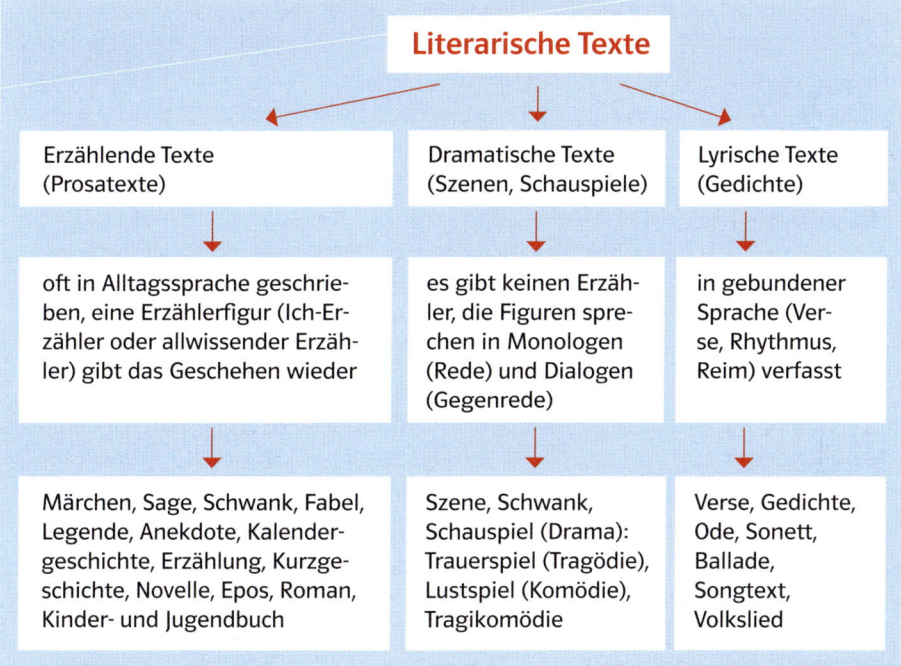

Literarische Texte

Erzählende Texte (Prosatexte)	Dramatische Texte (Szenen, Schauspiele)	Lyrische Texte (Gedichte)
oft in Alltagssprache geschrieben, eine Erzählerfigur (Ich-Erzähler oder allwissender Erzähler) gibt das Geschehen wieder	es gibt keinen Erzähler, die Figuren sprechen in Monologen (Rede) und Dialogen (Gegenrede)	in gebundener Sprache (Verse, Rhythmus, Reim) verfasst
Märchen, Sage, Schwank, Fabel, Legende, Anekdote, Kalendergeschichte, Erzählung, Kurzgeschichte, Novelle, Epos, Roman, Kinder- und Jugendbuch	Szene, Schwank, Schauspiel (Drama): Trauerspiel (Tragödie), Lustspiel (Komödie), Tragikomödie	Verse, Gedichte, Ode, Sonett, Ballade, Songtext, Volkslied

Wissen kurz gefasst ✓

Literarische Texte

- Literarische Texte sind erfundene Texte, man nennt sie auch Dichtung.
- Man unterscheidet erzählende Texte, dramatische Texte und lyrische Texte.
- Literarische Texte findet man in allen Medien: in Büchern, im Hörfunk, im Fernsehen, in Kinofilmen, in der Tageszeitung und im Internet.

Kurzgeschichte

Die Kurzgeschichte ist eine relativ junge Gattung kurzer Prosa. Erst nach dem Zweiten Weltkrieg kam sie aus den USA nach Deutschland, wo sie gleich von vielen Autoren der Kriegsgeneration aufgegriffen wurde.

Herkunft und Entstehung

In den USA gab es schon seit dem Ende des 19. Jahrhunderts die Form der kurzen Geschichten, der sog. **short storys**. Nach dem Ende des Zweiten Weltkriegs kam amerikanisches Gedankengut nach Deutschland, darunter auch die short story. Vorbildhaft wirkten die short storys von **Ernest Hemingway** (1899–1961), z. B. Alter Mann an der Brücke, Schnee auf dem Kilimandscharo. Deutsche Autoren der unmittelbaren Nachkriegszeit wie Heinrich Böll, Wolfgang Borchert, Wolfdietrich Schnurre und Ilse Aichinger griffen diese Form auf und schufen eine neue Literaturgattung: die moderne deutsche Kurzgeschichte.

Die Kurzgeschichte entsprach den Bedürfnissen der Zeit nach 1945. Papier war knapp und wurde von den alliierten Besatzungsmächten rationiert; es war sehr viel leichter, in Zeitungen kurze Geschichten zu publizieren, als umfangreiche Romane zu veröffentlichen. Dazu kam die Stimmungslage:

Die Autoren waren vom Kriegsgeschehen ausgebrannt und nur selten in der Lage, umfassende Romane zu schreiben. Auch die lesende Bevölkerung, die mit dem Wiederaufbau Deutschlands beschäftigt war, las lieber kurze Texte als lange. So war der Zeitpunkt ideal für die Entstehung der neuen Gattung „Kurzgeschichte".

Bauform

Die Kurzgeschichte hat, wie ihr Name schon sagt, einen geringen Umfang – oft nur eine oder zwei Druckseiten. Sie zeigt nur einen entscheidenden Ausschnitt (Schicksalsbruch) aus dem Leben des Protagonisten; **Einleitung und Schluss fehlen meist.** Die Handlung ist auf das Wesentliche beschränkt, der Leser bleibt oft verunsichert und ratlos zurück.

Thematik

Kurzgeschichten deutscher Autoren aus der unmittelbaren Nachkriegszeit zeigen das Leben der Menschen im zerstörten Deutschland, ihre Situation als Kriegsheimkehrer oder – in der Rückblende – ihre Verhaltensweisen oder Erlebnisse im Krieg.

Die **Aufarbeitung der unmittelbaren** Vergangenheit stand bei den frühen Kurzgeschichten im Vordergrund.

Neuere Kurzgeschichten thematisieren das Leben in der Bundesrepublik Deutschland und in der DDR und regen so eine individuelle Stellungnahme der Leser an.

Wichtig ist, dass die Autoren der Kurzgeschichte keine Lösungen anbieten wollen (oder können). Ihr Ziel ist es, Probleme und Krisensituationen aufzuzeigen und literarisch zu gestalten.

Darstellung der Figuren

Meist treten in Kurzgeschichten nur wenige Personen auf. Diese sind keine herausragenden Charaktere, sondern als **Durchschnittsmenschen**, die sich an einem **Wendepunkt ihres Lebens** befinden, typisiert dargestellt. Die Hauptpersonen sind oft einfache Menschen, die der kleinbürgerlichen Welt entstammen und als passive Helden ihrem Schicksal ausgeliefert sind.

Sprache

Die Autoren verwenden eine **einfache, betont sachliche und ungekünstelte Alltagssprache**, die dem Inhalt der Geschichte entspricht. Oft prägt Umgangssprache die Figurenrede, die erlebte Rede und den inneren Monolog und führt so zu einer kritischen Identifikation der Leser mit den Figuren und dem Inhalt der Kurzgeschichte.

Wissen kurz gefasst ✓

Kennzeichen der Kurzgeschichte

- Die Kurzgeschichte stammt aus den USA, wo sie als short story schon seit Jahrzehnten etabliert war, bevor sie nach 1945 nach Deutschland kam.
- Deutsche Autoren wie Heinrich Böll, Wolfgang Borchert, Ilse Aichinger und andere nahmen die Form auf und verwendeten sie für Themen, die sich meist mit der deutschen Zeitgeschichte beschäftigten.
- Die Kurzgeschichte ist gekennzeichnet durch einen offenen Anfang und einen offenen Schluss.
- Die Personen der Kurzgeschichte sind meist typisierte Durchschnittsmenschen.
- Kurzgeschichten sind meist in Alltags- oder Umgangssprache abgefasst.

45

Erzählung

Du kennst die Erzählung als Aufsatzform und hast selbst schon einige Erzählungen geschrieben, z. B. eine Erlebnis- oder eine Fantasieerzählung.
Doch auch bekannte Schriftstellerinnen und Schriftsteller schreiben Erzählungen, die den von dir verfassten teilweise recht ähnlich sind.

Herkunft und Entstehung

Schon immer haben sich die Menschen Geschichten erzählt – wahre und erfundene, glaubhafte und fantastische, spannende und aufregende. Seit dem 18. Jahrhundert werden solche **Geschichten** als Erzählungen **aufgeschrieben**. Auch in unserer Zeit schreiben viele bekannte Dichter Erzählungen.
Erzählungen von bekannten Schriftstellern sind z. B.:

- Der Verbrecher aus verlorener Ehre (1786) von Friedrich Schiller,
- Michael Kohlhaas (1808) von Heinrich von Kleist,
- Aus dem Leben eines Taugenichts (1826) von Joseph von Eichendorff,
- Brigitta (1844/47) von Adalbert Stifter,
- Die verlorene Ehre der Katharina Blum (1974) von Heinrich Böll,
- Das Muschelessen (1990) von Birgit Vanderbeke.

Auch im Bereich der Jugendliteratur gibt es eine Vielzahl von Erzählungen, z. B.:

- Der Menschenfresser (1988) von Klaus Kordon,
- Familie Habakuk und die Ordumok-Gesellschaft (1993) von Ulrich Karger,
- Die Sehnsucht fährt schwarz (1996) von Rafik Schami.

Kennzeichen

Literarische Erzählungen sind den Erzählungen, die du in der Schule schreibst, recht ähnlich. Sie sind in drei Teile gegliedert, in **Einleitung, Hauptteil und Schluss**; im Hauptteil findet sich der Höhepunkt. Sie gleichen dem **Roman**, sie sind aber meist viel kürzer. Außerdem bestehen sie nur aus **einem Handlungsstrang**, es gibt also nur eine Haupthandlung, keine Nebenhandlungen. Sie kommen auch mit weniger Personen aus als der Roman und ereignen sich in einem kürzeren, überschaubareren Zeitraum. Anders als Fabel, Parabel und Legende wollen sie keine Lehre vermitteln, anders als der Novelle fehlt ihnen das Leitmotiv und die „unerhörte Begebenheit".

Personen

Die wenigen Personen, die in einer Erzählung vorkommen, stehen meist in einem sehr engen Verhältnis zueinander, was durch die einsträngige Handlung bedingt ist. Sie sind zwar in der Regel als **Charaktere** angelegt (nicht als Typen mit funktionaler Bedeutung), der Leser lernt sie aber nur in bestimmten Situationen kennen. Ein umfassendes Charakterbild wie im Roman entsteht dadurch selten.

Sprache

In der **Erzählerrede** verwenden die Autoren die Sprachform, die für die jeweilige Entstehungszeit kennzeichnend ist: eine stilisierte, gehobene Sprache im 18. und 19. Jahrhundert, eine betont sachliche und ungekünstelte Alltagssprache in der zweiten Hälfte des 20. Jahrhunderts. Eine Häufung von sprachlich-stilistischen Mitteln wie im Drama oder in der Lyrik ist nicht feststellbar. Die Figuren sprechen so, wie es ihrer **sozialen Stellung** und ihrem **Bildungsstand** entspricht.

Wissen kurz gefasst ✓

Kennzeichen der Erzählung

- Die literarische Gattung Erzählung gibt es seit dem 18. Jahrhundert. Doch auch davor haben sich die Menschen in mündlicher Form Geschichten erzählt.
- Die Erzählung ist dreiteilig aufgebaut, sie besteht aus Einleitung, Hauptteil (mit Höhepunkt) und Schluss.
- Die literarische Erzählung ähnelt dem Roman, ist aber meist kürzer und nur auf eine Handlung beschränkt.
- Die Personen der Erzählung sind meist Menschen aus dem Alltag, die in ein besonderes Ereignis verwickelt werden.
- Die literarische Erzählung ist in der Regel in der Alltagssprache ihrer Entstehungszeit abgefasst.

Novelle

Der Begriff „Novelle" stammt aus dem Italienischen und bezeichnet eine Prosaerzählung von mittlerem Umfang.
Kennzeichnend für die Novelle, die auch in Deutschland zu einer eigenständigen literarischen Form geworden ist, ist die Konfrontation eines Menschen mit einem schicksalhaften Ereignis.

Herkunft und Entstehung

Ihren Ursprung hat die Novelle in der Renaissance. Der erste Novellendichter war **Giovanni Boccaccio** (1313–1375), der schon 1348 die Novellensammlung „Decamerone" (dt. „Zehntagewerk") veröffentlichte. Daraufhin wurden **Novellenzyklen** in ganz Europa populär. In Deutschland war Johann Wolfgang von Goethe der erste Dichter eines beachteten Novellenzyklus, der „Unterhaltungen deutscher Ausgewanderten" (1795). In der Folgezeit wurde der Novellenzyklus von der Einzelnovelle abgelöst.

Kennzeichen

Die Novelle ist eine **Prosaerzählung** mittleren Umfangs. Ihr Inhalt ist auf das Wesentliche verdichtet und zeigt einen zentralen Konflikt, einen Zusammenstoß von Mensch und Schicksal, Realem und Außergewöhnlichem. Nach Goethes Definition steht eine „sich ereignete unerhörte Begebenheit" im Mittelpunkt der Novelle.
Die Handlung verläuft geradlinig und weist eine geschlossene Form auf, die durch **Leitmotive**, das **Dingsymbol** und Straffungen der Handlung erreicht wird. Damit ist die Novelle dem Drama ähnlich: geraffte Exposition, Steigerung, konzentriert herausgearbeiteter Höhe- und Wendepunkt, Abfall und Abklingen der Handlung als ahnungsvolle Andeutung des Schicksals.

Das Dingsymbol

Ein wichtiges Kennzeichen der Novelle ist die Existenz eines Dingsymbols. Es steht symbolisch für den **Umschwung der Handlung** und stammt aus Boccaccios „Decamerone". In der 9. Geschichte des 5. Tages wird erzählt, wie ein Ritter aus Liebe zu einer adligen Dame, für die er sein Vermögen verschwendet hat, als letzten Besitz seinen Falken als Speise vorsetzt. Dadurch ist sie so gerührt, dass sie in eine Heirat einwilligt und den Ritter zum Herrn über ihr gesamtes Vermögen macht.

Seitdem wird das Vorhandensein eines „Falken", also eines Dingsymbols, als wichtiges Kennzeichen einer Novelle angesehen.

Bedeutung der Personen

Bei der Novelle steht die **Handlung** im Vordergrund. Personen, Dinge und Charaktere sind nur soweit berücksichtigt, als sie Träger oder Mittel des Hauptereignisses sind. Damit befindet sich die Novelle in deutlichem Gegensatz zum Roman, der eine (oder mehrere Personen) in den Mittelpunkt stellt.

Bekannte Autoren und ihre Novellen

Bekannte Verfasser von Novellen in der deutschen Literatur sind zum Beispiel:
- Conrad Ferdinand Meyer: Das Amulett (1873), Der Schuss von der Kanzel (1878)
- Eduard Mörike: Mozart auf der Reise nach Prag (1856)
- Theodor Storm: Immensee (1849), Aquis submersis (1876), Der Schimmelreiter (1888)
- Gottfried Keller: Die Leute von Seldwyla (Novellenzyklus 1855/56)
- Annette von Droste-Hülshoff: Die Judenbuche (1842)
- Thomas Mann: Gladius Dei (1902), Tonio Kröger (1903), Der Tod in Venedig (1912)
- Stefan Zweig: Sternstunden der Menschheit (1927)
- Martin Walser: Ein fliehendes Pferd (1978)

Im 19. Jahrhundert – der Blütezeit der deutschen Novelle – erlangte **Paul Heyse** durch seine Novellen und die von ihm verfasste Novellentheorie großes Ansehen. Er wurde als Dichterfürst und Nachfolger Goethes gefeiert und erhielt 1910 als erster deutscher Autor literarischer Werke den **Nobelpreis für Literatur**.

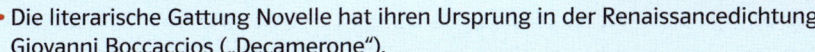

Wissen kurz gefasst ✓

Kennzeichen der Novelle

- Die literarische Gattung Novelle hat ihren Ursprung in der Renaissancedichtung Giovanni Boccaccios („Decamerone").
- Die Novelle ist eine Erzählung mittleren Umfangs, in der in verdichteter Weise der Zusammenprall von Mensch und Schicksal dargestellt ist. Dabei steht die Handlung im Mittelpunkt, nicht der Mensch.
- Ein wichtiges Kennzeichen der Novelle ist das Dingsymbol, das symbolisch für den Umschwung der Handlung steht.

Epos

Das Epos ist eine umfangreiche Verserzählung, die in der Antike und im Mittelalter üblich war. Das Epos ist damit eine Vorstufe zum Roman, der in Prosa geschrieben ist.

Das antike Epos

In der Antike war das Epos eine verbreitete Gattung, die aus verschiedenen Kulturkreisen bekannt ist.

Für die europäische Dichtung wurden die Epen Homers wichtig. **Homer** war ein sagenhafter griechischer Dichter um 750 v. Chr., von dem man nicht weiß, ob er wirklich gelebt hat oder ob andere Autoren den Namen als Pseudonym verwendet haben. Unter seinem Namen sind zwei Epen erhalten: In der **Ilias** wird der Kampf der Griechen gegen die Trojaner geschildert. Die **Odyssee** handelt von der abenteuerlichen, zehnjährigen Rückkehr des griechischen Helden Odysseus nach Ithaka.

In der römischen Antike nahm der Dichter **Vergil** (70–19 v. Chr.) in seinem Epos **Aeneis** Inhalte und Motive der Epen Homers auf. Vergil beschreibt die Irrfahrten des trojanischen Königssohns Aeneas, der, aus seiner brennenden Heimatstadt geflohen, auf Umwegen die Landschaft Latium in Mittelitalien erreicht. Dort soll der Sage nach von seinen Nachfahren Romulus und Remus die Stadt Rom gegründet worden sein. Vergil gestaltete mit seinem Epos den Gründungsmythos Roms.

Das mittelalterliche Epos

Um 1200 werden im deutschsprachigen Raum erste Epen in der Volkssprache aufgeschrieben. Diese kann man nach Inhalt, Gestaltung der Personen und vorherrschender Wertewelt unterscheiden:

Das **Heldenepos** ist oft von unbekannten Verfassern aufgeschrieben. Es lehnt sich in Stoff- und Motivwahl an die alten germanischen Heldensagen an. Das Heldenepos zeugt von einer archaischen Welt, in der rohe Gewalt herrscht. Das **Nibelungenlied** kann als Beispiel für das Heldenepos gelten.

Das **höfische Epos** stellt einen Ritter in den Mittelpunkt, der sich bewähren muss, um als würdiges Mitglied der Hofgesellschaft anerkannt zu werden. Thematisiert werden ritterliche Lebensführung, Werte und Tugenden, vor allem die Treue zu Gott und zu seinem Lehnsherrn. Darüber hinaus muss ein Ritter im Kampf Tapferkeit, gegenüber den Frauen gesittetes Benehmen und im Umgang mit Schwächeren und Hilfsbedürftigen Mitleid und Erbarmen zeigen. Das Ideal des höfischen Epos ist der „miles christianus", der an den christlichen Werten orientierte Streiter im Namen Gottes.

Wichtige höfische Epen sind **Erec** und **Iwein** von Hartmann von Aue, **Parzival** von Wolfram von Eschenbach sowie **Tristan und Isolde** von Gottfried von Straßburg.

Hartmann von Aue: Erec

„Erec" ist dem gleichnamigen Werk des französischen Dichters Chrestien de Troyes nachgedichtet. Hartmann schildert die Spannung des Protagonisten zwischen Lebens- und Liebesgenuss (Minne) und den der Gesellschaft verpflichteten ritterlichen Tugenden.

Der Aufbau des Werks ist zweiteilig: In der Vorgeschichte wird Erec von einem Zwerg in seiner ritterlichen Ehre gekränkt. Um diese Schmach wettzumachen, kämpft er während eines Turniers gegen den Herrn des Zwergen und gewinnt die schöne Enite zur Frau. Weil Erec seine Frau unmäßig liebt, vernachlässigt er seine ritterlichen Pflichten. Als Enite ihn daran erinnert, macht er sich auf den Weg, seine ritterlichen Qualitäten aufs Neue zu beweisen. Die Herausforderungen, die Erec zu bestehen hat, schildert die eigentliche Erzählung.

Wissen kurz gefasst ✓

Kennzeichen des Epos

- Das Epos ist als umfangreiche Verserzählung aus Antike und Mittelalter der Vorläufer des Prosaromans, wie man ihn heute kennt.
- Noch heute bekannte Epen aus der Antike sind Ilias, Odyssee und die Aeneis .
- Bei den mittelalterlichen Epen unterscheidet man das Heldenepos (z. B. Nibelungenlied) und das höfische Epos (z. B. Erec, Iwein, Parzival und Tristan und Isolde).

51

Roman

Romane gehören zu den Großformen der epischen Gattung. Sie thematisieren nicht nur einzelne Ereignisse, sondern verfolgen einen Helden auf seinem Lebensweg. Sie beziehen auch seine Umwelt, die historische Realität und die allgemeine Stimmungslage in die Darstellung mit ein.

Herkunft und Entstehung

Zwar gab es schon im Mittelalter Romane – das Heldenepos und das höfische Epos. Doch bis ins 18. Jahrhundert war der Roman verpönt als einfache, ja minderwertige Gattung der Literatur. Erst durch Goethes Briefroman „Die Leiden des jungen Werthers" wurde der Roman zu dem, was er heute ist – zur wichtigsten literarischen Gattung.

Kennzeichen

Der Roman ist eine umfangreiche Erzählung mit mehreren Handlungssträngen. Er umfasst meist eine längere Zeitspanne (mehrere Wochen, Monate oder Jahre) und zeigt eine Vielzahl von Personen. Im Unterschied zu anderen, kürzeren Prosatexten wird im Roman eine eigene Welt entworfen.

Romantypen

Im Laufe der Jahrhunderte haben sich verschiedene Romantypen herausgebildet, die nach Wirkabsicht und Inhalt unterschieden werden können. Folgende Typen sind besonders wichtig:

- **Literarischer Roman** (hoher literarischer Anspruch, in Buchform veröffentlicht),
- **Unterhaltungsroman** (meist Darstellung von Alltagssituationen, kein literarischer Anspruch, in Buchform veröffentlicht),
- **Heftchenroman** (einfacher Unterhaltungsroman, meist um eine wiederkehrende Hauptfigur kreisend, an Kiosken erhältlich),
- **Fortsetzungsroman** (meist ein Unterhaltungsroman, der über einen längeren Zeitraum kapitelweise in einer Tageszeitung veröffentlicht wird),
- **Jugendroman** (meist aus der Sicht eines Jugendlichen zu Themen geschrieben, die Jugendliche interessieren, oft mit literarischem Anspruch).

Untersuchungsaspekte

Um einen Roman zu verstehen und deuten zu können, solltest du folgende Aspekte genau untersuchen:

- **Ich-Erzähler oder Er/Sie-Erzähler**
  Ein Roman kann aus der Ich- oder der Er/Sie-Sicht verfasst sein. Der **Ich-Erzähler** ist eine eigenständige Figur aus der Welt des Romans. Er schreibt aus seiner Sicht, andere Personen werden aus einer Außenperspektive dargestellt; ihre Gedanken und Beweggründe kann der Ich-Erzähler nur erahnen. Der **Er/Sie-Erzähler** kann zum Personal des Romans gehören, er stellt die Handlung aus der Außen- oder der Innenperspektive dar.

- **Erzählverhalten**
  Der Autor entscheidet, aus welchem Blickwinkel der Erzähler die Romanhandlung wiedergibt. Folgendes Erzählverhalten kannst du unterscheiden:
  Auktoriales Erzählverhalten: Der allwissende Erzähler ist vom Geschehen unabhängig; er greift kommentierend in die Handlung ein.
  Personales Erzählverhalten: Der Erzähler steht scheinbar mitten im Geschehen, er nimmt die Sichtweise einer oder mehrerer Figuren ein. Der Leser erlebt das Geschehen aus der Perspektive dieser Figur(en).
  Neutrales Erzählverhalten: Der Erzähler verzichtet auf jede individuelle Sichtweise. Er gibt die Geschehnisse scheinbar objektiv wieder.

- **Erzählzeit und erzählte Zeit**
  Die **Erzählzeit** ist die Zeit, die der Leser benötigt, den Roman zu lesen. Die **erzählte Zeit** umfasst die Dauer des Erzählten. Meist ist die Erzählzeit wesentlich kürzer als die erzählte Zeit.
  Um die zeitlichen Verhältnisse in seinem Sinn zu organisieren, kann der Erzähler zu folgenden Möglichkeiten greifen: **zeitraffendes Erzählen** (Auslassungen), **zeitdehnendes Erzählen** (ausführliches Erzählen) und **zeitdeckendes Erzählen** (Handlung und Erzählung der Handlung sind gleich lang).

Wissen kurz gefasst

Kennzeichen des Romans

- Der Roman gehört zu den epischen Großformen. Seine Handlung erstreckt sich über einen längeren Zeitraum. Es kommen viele Personen vor.
- Man unterscheidet verschiedene Romantypen: literarischer Roman, Unterhaltungsroman, Heftchenroman, Fortsetzungsroman, Jugendroman.
- Bei der Untersuchung eines Romans sollten folgende Aspekte besonders beachtet werden: Erzählperspektive, Erzählverhalten und Gestaltung der Zeit.

Drama (Schauspiel)

Schauspiele sind Bühnenstücke, deren Text in geschriebener oder gedruckter Fassung vorliegt. In der Schule werden oft nur diese Texte gelesen. Um ein Drama aber wirklich zu verstehen, sollte man sich auch Gedanken darüber machen, wie es auf der Bühne wirkt oder wirken könnte.

Herkunft und Entstehung

Das Theater gab es schon im **antiken Griechenland**. Zu Ehren des Gottes Dionysos wurden alljährlich im Frühjahr neue Stücke in der Form von Dichterwettkämpfen aufgeführt. Im Mittelalter geriet diese Tradition in Vergessenheit. In den **christlichen Osterprozessionen**, die an verschiedenen Stationen des Leidenswegs Christi Halt machten, um die Leidensgeschichte in Spielszenen anschaulich zu machen, wurde das Theater ein zweites Mal entdeckt. Lange Zeit zogen dann **fahrende Schauspielertruppen** durch Europa, um auf Jahrmärkten oder zu besonderen Anlässen ihre Stücke vor Publikum zu spielen. Erst seit dem 18. Jahrhundert entstanden in größeren Städten **feste Theaterbauten**, in denen die Schauspieler auftreten konnten. Nun wurden auch die Dramentexte immer wichtiger: Bekannte Dichter wie Lessing, Goethe und Schiller schrieben Dramen, die das Publikum nicht nur belustigen, sondern auch zum Nachdenken über **politische, moralische und weltanschauliche Fragen** bewegen sollten.

Kennzeichen

Dramen sind zur Aufführung bestimmt. Schauspieler übernehmen die Rollen der Figuren. In **szenischem Spiel, Monolog** (Selbstgespräch einer Person) und **Dialog** (Gegenrede mit mehreren Personen) entfaltet sich die Handlung. Im Mittelpunkt der Handlung steht ein bestimmtes Problem **(Konflikt)**, das der Held des Stückes lösen muss. Dabei setzt er sich mit den anderen Figuren des Dramas auseinander. Diese Figuren stehen in einem bestimmten Verhältnis zueinander, sie sind z. B. Freunde oder Gegner des Helden. Man spricht von **Figurenkonstellation**.

Das Drama wird üblicherweise in drei bis fünf **Akte** oder Aufzüge (Hauptabschnitte des Dramas zwischen zwei Vorhängen) unterteilt, die sich wiederum in mehrere **Szenen** oder Auftritte untergliedern. Meist beginnt eine neue Szene, wenn die Personen auf der Bühne ganz oder teilweise wechseln.

Aufführungen von Dramen werden von Regisseuren vorbereitet. Sie entwickeln – gemeinsam mit den Schauspielern – Möglichkeiten, wie der Text, der ja nur auf dem Papier steht, in szenisches Spiel umgesetzt werden kann. Hierbei achten sie u.a. auf die **Regieanweisungen** im Stück, d.h. auf die Angaben des Autors zur Umsetzung des Stücks auf der Bühne.

Typen

Der Begriff **Drama (Schauspiel)** ist wertneutral. Er sagt nichts über die Charakterisierung der Figuren, den Inhalt oder den Ausgang des Stücks aus. Dazu werden folgende Unterscheidungen verwendet:

- **Komödie (Lustspiel):** Bühnenstück mit komischem, lustigem oder heiterem Inhalt. Scheinbar allgemein verbindliche Werte werden als lächerlich dar-, menschliche Schwächen bloßgestellt. Häufige Themen sind das Missverhältnis von Sein und Schein, veraltete gesellschaftliche Umgangsformen oder das Fehlverhalten eines Einzelnen.

- **Tragödie (Trauerspiel):** Bühnenstück mit tragischem Inhalt. Darstellung eines Konflikts, der mit dem Untergang des Helden eine Lösung findet. Häufig muss sich der Held zwischen zwei Wertsystemen entscheiden. Oft entsteht die Wirkung durch die tragische Handlung, aber auch durch eine angemessene, pathetische Sprache.

Schiller: Wilhelm Tell

- **Tragikomödie (Mischform aus Tragödie und Komödie):** Schauspiel, das tragische und komische Elemente miteinander verbindet. Komische Motive und Situationen verstärken die Tragik der Gesamthandlung. Dies fördert den Realitätsgehalt, da das Nebeneinander von tragischen und komischen Elementen menschlichen Erfahrungen entspricht.

Wissen kurz gefasst ✓

Kennzeichen des Dramas

- Die Anfänge des Dramas liegen im antiken Griechenland.
- Dramen sind Texte, die zur Aufführung bestimmt sind. In Monologen und Dialogen treiben die Personen die Handlung voran.
- Ein Drama ist meist in drei oder fünf Akte und mehrere Szenen gegliedert.
- Man unterscheidet die Tragödie, Komödie und Tragikomödie.

Gedicht

Gedichte sind Texte, die sich schon optisch von anderen Texten, z. B. der Erzählung oder dem Roman, unterscheiden, weil sie in einer besonderen Form geschrieben sind. Man spricht dabei von einer gebundenen Sprache.

Strophen

Häufig sind Gedichte in Absätze gegliedert – diese nennt man **Strophen**. Es ist nicht festgelegt, aus wie vielen Strophen ein Gedicht bestehen muss. Ebenso wenig ist die Strophenlänge vorgegeben. Eine Strophe kann zwei, drei, vier und mehr Verse umfassen. Oft hilft aber die Strophenform, ein Gedicht historisch einzuordnen. Das barocke Sonett z. B. besteht aus vier Strophen; davon haben die ersten zwei Strophen je vier, die letzten zwei Strophen je drei Verse.

Verse und Versmaß (Metrum)

Gedichtzeilen nennt man **Verse**. Innerhalb dieser Verse gibt es eine bestimmte Abfolge von betonten (Hebungen) und unbetonten Silben (Senkungen). Daraus ergibt sich das **Versmaß** (Metrum). Folgende Versmaße sind im Deutschen üblich:

- Jambus: x x́   (unbetont – betont)
- Trochäus: x́ x   (betont – unbetont)
- Daktylus: x́ x x   (betont – unbetont – unbetont)
- Anapäst: x x x́   (unbetont – unbetont – betont)

Kadenz

Der Begriff Kadenz beschreibt das **Versende**. Schließt der Vers mit einer betonten Silbe (Hebung), spricht man von der männlichen oder **stumpfen Kadenz**, schließt er mit einer unbetonten Silbe (Senkung), spricht man von der weiblichen oder **klingenden Kadenz.**

Endreim

Von einem Endreim spricht man, wenn zwei oder mehr Wörter am Versende vom letzten betonten Vokal an gleich klingen. Folgende Unterscheidungen sind üblich:

- **Paarreim:** Zwei aufeinanderfolgende Verse reimen miteinander. (aabb).
- **Kreuzreim:** Jeder zweite Vers reimt miteinander. (abab).
- **Umarmender Reim:** Der erste und der vierte Vers reimen miteinander (abba).

- **Schweifreim:** Wechsel aus Paarreim und umarmendem Reim (aabccb).
- **Waise:** Ein Vers, der mit keinem anderen reimt und dadurch besonders hervorgehoben ist (Darstellung: x).

Rhythmus

Will man die **Sprachmelodie** eines Gedichts bestimmen, so spricht man vom Rhythmus. Er ist von vielen Faktoren abhängig: vom Versmaß, den Sprechpausen, der Satzgestaltung, der Klangfarbe der Vokale sowie von der Betonung und dem Sprechtempo des Vortragenden. Man behilft sich deshalb mit **beschreibenden Adjektiven** wie regelmäßig/unregelmäßig, fließend/stockend oder drängend/gestaut.

Sprachliche Mittel

Es gibt eine Vielzahl sogenannter sprachlicher Mittel, die man erkennen und richtig deuten muss, um ein Gedicht zu verstehen, z. B.:

- **Alliteration:** Wenn zwei oder mehr aufeinanderfolgende Wörter bei betonten Stammsilben den gleichen Anlaut haben, spricht man von einer Alliteration („Mit **K**ind und **K**egel").
- **Anapher:** Wörter oder Wortgruppen werden am Vers- oder Strophenanfang wiederholt und dadurch hervorgehoben („**Lies** keine Oden, mein Sohn, **lies** die Fahrpläne", Hans Magnus Enzensberger).
- **Lautmalerei:** Die Lautmalerei ahmt natürliche Laute durch Sprachlaute nach. Hierdurch können sich die Leser/Hörer eines Gedichts das Dargestellte besser vorstellen („kikeriki").
- **Metapher:** Die Metapher ist ein verkürzter Vergleich. Ein Wort oder eine Wortgruppe wird aus dem eigentlichen Bedeutungszusammenhang auf einen anderen, jedoch vergleichbaren Zusammenhang übertragen (z. B. „Rabeneltern").

Wissen kurz gefasst

Kennzeichen des Gedichts

- Gedichte sind in gebundener Sprache geschrieben.
- Viele Gedichte besitzen ein Versmaß (Jambus, Trochäus, Daktylus oder Anapäst) und einen Endreim (Paarreim, Kreuzreim, umarmender Reim, Schweifreim).
- Jedes Gedicht hat einen ihm eigenen Rhythmus, den man beschreiben kann.
- In Gedichten finden sich viele sprachliche Mittel, z. B. Alliteration, Anapher, Lautmalerei oder Metapher.

Sonett

Das Sonett ist eine Gedichtform, die in Bauart und inhaltlicher Gestaltung strengen Gesetzmäßigkeiten unterliegt. Zwar werden auch heute noch Sonette geschrieben, seine Blütezeit hatte diese Form aber im Barock (um 1600–1720).

Lebensgefühl im Zeitalter des Barock

Das Lebensgefühl der Menschen im Zeitalter des Barock ist in den politischen und gesellschaftlichen Verhältnissen des 17. Jahrhunderts begründet. Die nicht enden wollenden Kämpfe des Dreißigjährigen Krieges (1618–1648) brachten Zerstörungen und Verwüstungen und den Menschen unsägliches Leid. Pessimismus und Todesangst waren die beherrschenden Gefühle dieser Zeit.
Ihnen setzten die Menschen ihren Lebenshunger entgegen. Man wollte den Augenblick nützen und stellte dem Pessimismus das „Carpe diem" (pflücke den Tag, koste den Tag voll aus) entgegen. Diese Spannung zwischen Todesangst und Lebenslust, zwischen dem Bewusstsein der Vergänglichkeit des Lebens (Memento mori: Bedenke, dass du sterben musst) und der Weltbejahung drückt sich in der Literatur des Barock aus. Man spricht in diesem Zusammenhang von barocker Antithetik (Gegensätzlichkeit). Noch heute bekannte barocke Sonette stammen von Martin Opitz und Andreas Gryphius.

Kennzeichen des Sonetts

Besonders das Sonett brachte die barocke Antithetik zum Ausdruck.

- Das Sonett besteht aus 14 Versen, die in zwei vierzeilige Strophen (**Quartette**) und zwei dreizeilige Strophen (**Terzette**) untergliedert sind. Gedankliche Gegensätze werden durch den Wechsel von den Quartetten zu den Terzetten besonders deutlich: So können z. B. Frage und Antwort, Problem und Lösung einander gegenübergestellt werden.
- Die Reimstruktur unterstützt diese Zweiteilung. Viele Sonette kommen mit vier verschiedenen Reimen aus: abba in den Quartetten, meist ccd und eed in den beiden Terzetten. Doch auch andere Reimfolgen sind möglich.
- Als Versform ist im Sonett des Barock der **Alexandriner** vorherrschend. Es handelt sich dabei um einen sechshebigen Jambus mit einer Mittelzäsur (Einschnitt, Pause) nach der dritten Hebung, der die Antithetik des Dargestellten verdeutlicht: x x́ x x́ x x́ || x x́ x x́ x x́.
- Für das barocke Sonett ist die Verwendung von sprachlichen Bildern wie Vergleich und Metapher typisch.

Beispiel für ein barockes Sonett

Andreas Gryphius: Abend

1. Quartett	Der schnelle Tag ist hin. Die Nacht schwingt ihre Fahn	a
	Und führt die Sternen auf. Der Menschen müde Scharen	b
	Verlassen Feld und Werk. Wo Tier und Vögel waren,	b
	Traurt itzt die Einsamkeit. Wie ist die Zeit vertan!	a
2. Quartett	Der Port naht mehr und mehr sich zu der Glieder Kahn.	a
	Gleich wie dies Licht verfiel, so wird in wenig Jahren	b
	Ich, du, und was man hat, und was man sieht, hinfahren.	b
	Dies Leben kömmt mir vor als eine Rennebahn.	a
1. Terzett	Lass, höchster Gott, mich doch nicht auf dem Laufplatz gleiten!	c
	Lass mich nicht Ach, nicht Pracht, nicht Lust, nicht Angst verleiten!	c
	Dein ewig heller Glanz sei vor und neben mir!	d
2. Terzett	Lass, wenn der müde Leib entschläft, die Seele wachen,	e
	Und wenn der letzte Tag wird mit mir Abend machen,	e
	So reiß mich aus dem Tal der Finsternis zu Dir!	d

Metrum

Der	schnel	le	Tag	ist	hin.		Die	Nacht	schwingt	ih	re	Fahn.
x	x́	x	x́	x	x́	‖	x	x́	x	x́	x	x́

Wissen kurz gefasst

Kennzeichen des Sonetts

- Das Sonett ist geeignet, die Antithetik des Lebens im Barock darzustellen.
- Es besteht aus vier Strophen: zwei Quartetten und zwei Terzetten.
- Das Versmaß des barocken Sonetts ist der sechshebige Jambus mit Mittelzäsur, Alexandriner genannt.

Ballade

Die Ballade ist ein Erzählgedicht, das ein ungewöhnliches Ereignis spannend und auf das Wesentliche reduziert erzählt. Somit werden die drei Grundgattungen der Dichtung vereint: epische Erzählweise, dramatische Gestaltung und lyrische Stimmung.

Der Begriff „Ballade"

Das Wort „Ballade" stammt aus Südfrankreich und bezeichnete ursprünglich ein Lied, das beim Tanzen gesungen wurde. Der Begriff wurde später auch im deutschen Sprachraum heimisch, stand nun aber für ein meist dämonisch-spukhaftes, häufig tragisches Geschehen aus Geschichte, Mythologie oder Sage.

Kennzeichen

Balladen sind in Strophen und Verse gegliedert, meist verfügen sie über Endreime und einen bestimmten Sprechrhythmus. Dies und der häufig vorkommende Refrain zeigen, dass es sich bei Balladen um **Gedichte** handelt. Aber im Gegensatz zu vielen anderen Gedichten, die in erster Linie Gefühle, Stimmungen und persönliches Erleben ausdrücken wollen, wird in der Ballade **ein Geschehen erzählt**. Man spricht deshalb von Geschichten in Gedichtform, sogenannten „Erzählgedichten". Doch die Ballade trägt auch **dramatische Elemente** in sich: kurze Regieanweisungen, Monologe und Dialoge der Figuren in wörtlicher Rede sowie Spannungssteigerung am Höhepunkt. Eine gute Ballade enthält die Elemente aller drei literarischen Gattungen. **Goethe** spricht deshalb von der Ballade als vom „Urei" aller drei Grundarten der Poesie.

Nach Goethes Definition ist die Ballade das „Urei" der Poesie: Sie enthält lyrische, dramatische und epische Elemente.

Volksballaden

Balladen wurden ursprünglich durch Vortrag oder Gesang mündlich überliefert. Sie haben Ähnlichkeit mit der Moritat der Bänkelsänger, also berufsmäßiger Sänger, die ihre Lieder auf den Jahrmärkten vortrugen. Die ursprünglichen Verfasser dieser **Volksballaden** sind unbekannt.

Kunstballaden

Im 18. Jahrhundert begannen Dichter Balladen zu schreiben, die den Volks-balladen recht ähnlich waren. Sie entnahmen ihre Stoffe der Geschichte oder gestalteten alte Sagen und Schwänke neu. Der Dichter Gottfried August Bürger schuf mit **Lenore** 1773 die erste Kunstballade; bald folgten ihm zahlreiche andere Dichter wie Johann Wolfgang von Goethe und Friedrich Schiller. Während Goethe sich Mythen und Natursagen als Vorbilder wählte, wählte Schiller seine Stoffe aus der Geschichte. Im 19. Jahrhundert galt es als modern, Balladen zu schreiben; noch heute kennt man viele Balladen aus dieser Zeit, z. B. von Gottfried Keller und Conrad Ferdinand Meyer, von Heinrich Heine (Die Lore-Ley, Belsatzar) und Theodor Fontane (Die Brücke am Tay, Archibald Douglas).

Beispiel für eine Ballade

Theodor Fontane: Herr von Ribbeck auf Ribbeck im Havelland

Herr von Ribbeck auf Ribbeck im Havelland, — Episches Element: Erzählerbericht
Ein Birnbaum in seinem Garten stand,
Und kam die goldene Herbsteszeit
Und die Birnen leuchteten weit und breit,
5 Da stopfte, wenn's Mittag vom Turme scholl, — Lyrische Elemente: Strophen, Verse, Endreime, rhythmisierte Sprache, Inversion
Der von Ribbeck sich beide Taschen voll,
Und kam in Pantinen ein Junge daher,
So rief er: „Junge, wiste 'ne Beer?"
Und kam ein Mädel, so rief er: „Lütt Dirn, — Dramatisches Element: Figurenrede
10 Kumm man röwer, ick hebb 'ne Birn."

Wissen kurz gefasst ✓

Kennzeichen der Ballade

- Der Begriff „Ballade" kommt aus dem Französischen und steht ursprünglich für ein Tanzlied.
- Die deutsche Ballade vereint nach der Definition Goethes die Kennzeichen aller drei großen literarischen Gattungen in sich: lyrische, dramatische und epische Elemente.
- Man unterscheidet die Volksballade, deren Verfasser man nicht kennt, und die Kunstballade, die im 18. Jahrhundert entstand und einem bestimmten Autor zuzurechnen ist, der den Ton der Volksballade nachahmt.

Jugendliteratur

Jugendliteratur ist Literatur, die für Jugendliche geschrieben ist und die Lebenswelt der Jugendlichen zum Thema hat. Die ältere Jugendliteratur wollte die Jugend durch Vorbilder oder abschreckende Beispiele erziehen, in der modernen Jugendliteratur geht es um die Darstellung der Lebenswirklichkeit von Jugendlichen, um deren Sorgen, Nöte und Hoffnungen.

Ältere Jugendliteratur

Jugendliteratur gibt es seit dem 18. Jahrhundert, dem Zeitalter der Aufklärung. Damals dachte man, man könne die Jugendlichen **zu anständigen Mitgliedern der Gesellschaft erziehen**, wenn man ihnen in Büchern von positiv gezeichneten Romanfiguren berichtet; diese Helden sollten als **Vorbilder** wirken. Umgekehrt nahm man an, dass man durch negativ dargestellte Figuren die Jugendlichen vor einem schlimmen Lebenswandel durch **Abschreckung** bewahren könnte. Die Comics von Max und Moritz und Struwwelpeter stammen aus dem 19. Jahrhundert, wollen aber ebenfalls die Leser belehren. Neben moralischen Jugendbüchern gab es auch viele **Abenteuerromane** (z. B. Friedrich Gerstäcker: Die Flusspiraten des Mississippi, James Fenimore Cooper: Lederstrumpf), die darauf zielten, dass sich Jugendliche mit dem Helden identifizieren. Diese Jugendromane wollten unterhalten.

Moderne Jugendliteratur

Nach 1945 erkannten immer mehr Autoren, dass die Jugendliteratur auch andere Aufgaben wahrnehmen sollte. Seitdem entstanden viele historische und (gesellschafts-)kritische Jugendromane sowie solche, die Alltagssituationen zum Inhalt haben. Folgende Themen werden in modernen Jugendbüchern häufig behandelt:
- das Leben in der **Patchwork-Familie** (Kirsten Boie: Man darf mit dem Glück nicht drängelig sein),
- **Probleme mit Eltern, Geschwistern und Freunden** (Henning Mankell: Die Reise ans Ende der Welt, Jochen Till: Der Junge Sonnenschein, Brigitte Blobel: Herzsprung, Nina Petrick: Die Regentrinkerin),
- die Rolle als **Außenseiter** (Benjamin Lebert: Crazy, Rudolf Herfurtner: Mensch Karnickel),
- **Gewalt in der Schule und in der Familie** (Morton Rhue: Die Welle, Kirsten Boie: Nicht Chicago. Nicht hier.),

- **Freundschaft, erste Liebe** (Andreas Steinhöfel/Anja Tuckermann: David Tage – Mona Nächte, Liina Talvik: Voll ins Herz und voll daneben),
- **Umwelt und Kernkraft** (Gudrun Pausewang: Die letzten Kinder von Schewenborn, Die Wolke),
- **Drogen** (Ilse Kleberger: Die Nachtstimme, Anatol Feid: Alles Lüge),
- **Religion und Sekten** (Irma Krauß: Esthers Angst),
- **Rechtsradikalismus** (Jan de Zanger: Dann eben mit Gewalt, Margret Steenfatt: Hass im Herzen),
- **Nationalsozialismus** (Myron Levoy: Der gelbe Vogel),
- **Dritte Welt** (Gudrun Pausewang: Die Not der Familie Caldera).

In historischen Romanen (z. B. Harald Parigger: Der schwarze Mönch) werden Jugendliche mit dem Leben in vergangenen Zeiten konfrontiert und können dadurch ihre eigene Situation besser einschätzen.

Alle diese Bücher – meist Romane und Erzählungen – gehen kritisch mit der Situation der Jugendlichen in ihrer Lebenswelt um und regen so zur Auseinandersetzung mit den bestehenden Verhältnissen an. Moralisierende Texte und solche, die fertige Lösungen anbieten, gibt es nur noch im Bereich der schlichteren Jugendunterhaltungsliteratur.

Darstellung der Hauptperson

In der modernen Jugendliteratur gibt es **keine Helden**. Die Hauptpersonen sind Jugendliche, oft Mädchen, aber auch Jungen. Sie haben Probleme, Selbstzweifel, Stärken, Schwächen und Zukunftsträume. Die Geschichten werden oft aus der Sicht der Hauptperson geschrieben, was die Möglichkeit bietet, sich mit ihr zu identifizieren. Gezeigt wird, wie die Jugendlichen sich Gleichaltrigen und Erwachsenen gegenüber verhalten, wie sie mit ihrer Situation umgehen, wie sie Möglichkeiten der Problemlösung austesten, was sie stark macht, wie sie ihre Ziele erreichen oder woran sie scheitern.

Wissen kurz gefasst

Kennzeichen der Jugendliteratur

- Jugendliteratur ist für Jugendliche geschrieben.
- Die ältere Jugendliteratur (18., 19. und beginnendes 20. Jahrhundert) wollte die Jugendlichen durch positive Vorbilder oder Abschreckung zu guten Staatsbürgern erziehen.
- Die moderne Jugendliteratur (nach 1945) thematisiert die Lebenssituation von Jugendlichen und nimmt dabei meist deren Sichtweise ein.

63

Sachliche Texte

Im Gymnasium arbeitest du mit verschiedenen Textsorten: Neben literarischen Texten greifst du mehr und mehr auf Texte sachlichen Inhalts zurück, mit deren Hilfe du dich informieren kannst. Das Lehrbuch (z.B. in Biologie oder Geschichte) gibt dir in Sachtexten Auskunft zu Sachfragen. Auch in den modernen Massenmedien Zeitung, Hörfunk, Fernsehen und Internet findest du Texte, denen du Informationen entnehmen kannst. Oft wollen Texte in Medien, z.B. Redetexte und Texte der Werbung, eine bestimmte Wirkung erreichen, man bezeichnet sie deshalb auch als appellative Texte.

Sachtexte

Sachtexte sind **sachlich geschrieben** und haben **eine Sache zum Thema**. Sie beziehen sich auf die Wirklichkeit. Ein Sachtext im Geschichtsbuch berichtet z.B. über die absolutistische Herrschaftsform König Ludwigs XIV. von Frankreich. In solchen Texten stehen nur **Sachverhalte**, Erfundenes und Erdachtes hat in einem Sachtext nichts zu suchen. Sachtexte sind häufig in wissenschaftlicher Sprache, manchmal aber auch in Alltagssprache geschrieben.

Texte in Medien

In den modernen Massenmedien **Hörfunk** und **Fernsehen** trifft man neben den Inhalten von literarischen Texten (Hörspiel und Fernsehspiel) auch auf Sachtexte – allerdings sind sie hier dem Medium angepasst: Sie bilden die Grundlage für informative Berichte und Reportagen.
In allen Massenmedien finden sich zudem ganz aktuelle Informationen, vor allem im **Internet** und in **Tageszeitungen**. Diese bedienen sich besonderer Textformen – je nachdem, ob es sich um kurze oder ausführliche Sachinformationen, um Meinungen oder Stellungnahmen handelt.

Redetexte

Auch Redetexte gehören zu den Sachtexten. Sie sind in ihrer Aussage zwar **nicht immer sachlich** (sondern oft persönlich gefärbt, manchmal sogar polemisch), doch sie beziehen sich auf eine **Sache** und haben nicht die Dichtung zum Inhalt. Redetexte haben **appellativen Charakter**, sie wollen also die Zuhörer beeinflussen. Deshalb müssen Redetexte immer ganz genau auf ihre Funktion hin untersucht werden.

Werbetexte

Auch Werbetexte, die oft mit Abbildungen kombiniert werden, wollen die Menschen nur in zweiter Linie informieren. Vorrangig geht es darum, den Leser oder Betrachter **zum Kauf eines bestimmten Produkts** anzuregen.

Sachliche Texte			
Sachtexte	Zeitungstexte	Redetexte	Werbetexte
oft in Fachsprache, manchmal in Alltagssprache geschrieben	den Regeln der verschiedenen Zeitungstextsorten entsprechend geschrieben	in sachlicher und appellativer Sprache geschrieben, teilweise umgangssprachlich	meist in appellativer Sprache geschrieben
Schulbuchtexte, Lexikonartikel, Sachtexte in den verschiedenen Medien, Sachbuch, Jugendsachbuch, Jugendlexikon, Artikel im Internet	z.B. Nachricht, Bericht, Reportage, Kommentar, Rezension, Glosse, Leserbrief	z.B. Wahlkampfrede, Gerichtsrede, Rede zu den verschiedensten Anlässen	z.B. Werbetexte in den verschiedenen Medien

Wissen kurz gefasst

Sachliche Texte

- Sachliche Texte sind Texte, die sich auf die Wirklichkeit beziehen.
- Viele Sachtexte sind sachlich geschrieben und wollen über bestimmte Sachverhalte informieren (z.B. im Lexikon, in Sachbüchern und im Internet).
- Andere Sachtexte wollen appellieren, d.h. den Leser zu einer bestimmten Handlung auffordern (z.B. Redetexte, Werbetexte).
- Sachtexte sind meist in einer sachlichen, manchmal auch in einer appellativen Sprache geschrieben.

Redetexte

Redetexte sind die schriftlichen Grundlagen mündlicher Vorträge. Natürlich muss eine Rede nicht erst schriftlich ausformuliert sein, häufig ist das jedoch der Fall. Die meisten Reden werden nicht frei gehalten, sondern mehr oder weniger abgelesen.

Herkunft der Rede

Die Rede stammt aus dem **antiken Griechenland**. Die Beherrschung der Redekunst **(Rhetorik)** war der Inbegriff von Bildung. Die **Römer** übernahmen die rhetorischen Grundmuster, weshalb viele rhetorische Begriffe auf Latein überliefert sind. Im **Mittelalter** gehörte die Rhetorik neben der Grammatik und der Dialektik zu den Fächern des sogenannten Trivium, das neben dem Quadrivium (Arithmetik, Geometrie, Astronomie und Musik) Teil der an den Universitäten gelehrten sieben freien Künste (septem artes liberales) war. Am Beispiel von politischen und Gerichtsreden, die als vorbildlich galten, studierten die Redner, wie es gelingen könnte, den eigenen Standpunkt wirkungsvoll zu vertreten.

Redeabsicht

In guten Reden ist **nichts dem Zufall überlassen**. Jeder Satz, jedes Wort, ja jede Betonung ist durchdacht, gewollt und stützt die Aussageabsicht. Ebenso verhält es sich mit Mimik und Gestik des Redners, auch sie sollen die Reaktion des Publikums beeinflussen. Das gilt für besonders intensiv vorbereitete Reden, aber auch für Gelegenheits- und Stegreifreden: Jeder gute Redner hat seine Zuhörer im Blick und reagiert auf sie.

Analyse von Redetexten

Bei der Analyse von Reden sind diese Reaktionen, die auch von der Redesituation, vom Interesse oder Desinteresse des Publikums, von seiner Begeisterungsfähigkeit, seiner Zustimmung oder seiner ablehnenden Haltung abhängen, nebensächlich. Es gilt der **Redetext**, der schriftlich fixiert ist.
Reden können im Prinzip nach den gleichen Kriterien untersucht werden wie andere Texte auch. Untersucht werden sollten:
- **das Thema und der Inhalt der Rede**. Deshalb ist der Aufbau der Rede von Bedeutung, es kann auch eine Einteilung in Sinnabschnitte vorgenommen werden, ebenso sollen Schlüsselbegriffe und auffällige rhetorische Figuren herausgearbeitet werden.

- **die Argumentation des Redners:** Ist sie sachlich und schlüssig oder weitschweifig? Geht sie gar am Thema vorbei?
- **die Intention des Redners:** Will er überzeugen oder überreden? Will er einen Sachverhalt darlegen oder einen Standpunkt vertreten? usw.

Folgende rhetorische Figuren kommen in Reden oft vor:

Allusion	Anspielung	*Sie wissen ja, was ich damit meine.*
Anrede	Hinwendung an die Zuhörer	*Sehr geehrte Damen und Herren!*
Antithese	Gegenüberstellung von Gegensätzlichem	*groß und klein*
Asyndeton	Gleichrangige Fügung von Wörtern oder Sätzen	*Sie kennen meine Meinung, ich habe sie schon des Öfteren dargelegt, ich wiederhole sie trotzdem gerne.*
Correctio	Verbesserung (zur Verdeutlichung der Aussage)	*Eindringlich, ja beschwörend muss ich Ihnen sagen…*
Ellipse	Grammatisch unvollständiger Satz	*Ende gut, alles gut.*
Inversion	Veränderung der üblichen Wortstellung	*Allein kommt ein Unglück selten.*
Ironie	Das Gegenteil von dem, was gesagt wird, ist gemeint.	*Du bist mir ja ein schöner Freund!*
Klimax	Steigerung	*Er kam, sah und siegte.*
Parallelismus	Gleiche Satzstellung in aufeinanderfolgenden Sätzen	*„Friede den Hütten, Krieg den Palästen" (Georg Büchner)*
Parenthese	Einschub	*Das ist – kurz gefasst – meine Meinung.*
Rhetorische Frage	Nur scheinbare Frage, deren Antwort bereits feststeht	*Wer möchte nicht in Frieden leben?*
Tautologie	Bereits Gesagtes wird durch ein sinnverwandtes Wort wiederholt.	*voll und ganz*
Wiederholung	Mittel der Intensivierung	*Ich glaube fest, ganz fest daran.*

Wissen kurz gefasst ✓

Kennzeichen des Redetextes

- Die Redekunst (Rhetorik) stammt aus dem antiken Griechenland. Damals galt sie als Zeichen der Bildung.
- Heute werden wichtige Reden aufgeschrieben und dann mehr oder weniger abgelesen. Redetexte können also wie schriftliche Texte untersucht werden.
- Bei der Analyse eines Redetextes muss auf den Aufbau und den Inhalt der Rede sowie auf die Argumentation und die Intention des Redners eingegangen werden.
- Rhetorische Mittel unterstützen die Wirkung jeder Rede.

Zeitungstexte

Wenn du die Zeitung zur Hand nimmst, willst du dich zum einen über aktuelle Ereignisse und Entwicklungen informieren. Hierzu dienen die informierenden Textsorten der Zeitung: Nachricht, Bericht, Reportage und Interview. Zum anderen erwartest du von Zeitungen Einschätzungen, wie einzelne Ereignisse zu beurteilen sind. Dies geschieht in den meinungsbildenden Textsorten der Zeitung. Damit du dir von vornherein darüber klar bist, welche Zielrichtung ein Text hat, werden zumindest in Abonnementzeitungen informierende und meinungsbildende Textsorten optisch und/oder räumlich getrennt.

Meinungsbildende Textsorten

- **Kommentar:** In Kommentaren besprechen Journalisten Themen des Tagesgeschehens, indem sie **Hintergründe und Zusammenhänge** aufzeigen und deren Bedeutung darstellen. Sie legen den eigenen Standpunkt sachlich, u. U. auch provokativ dar und versuchen andere Meinungen zu widerlegen. Manche Kommentare haben appellativen Charakter. Da sie persönliche Meinungsäußerungen von Journalisten sind, werden sie mit Initialen (= Anfangsbuchstaben) oder Namen gekennzeichnet. Eine Sonderform des Kommentars ist der **Leitartikel**. Er kommentiert ein Ereignis, das von der Redaktion als besonders wichtig angesehen wird.
- **Rezension (Kritik):** Die Rezension findet man im Kulturteil (Feuilleton) der Zeitung. Besprochen werden **Werke der Kunst und Literatur**, z. B. Bücher, Fernsehsendungen, Filme, Theateraufführungen, Ausstellungen und Konzerte. Die Rezension gibt die Meinung des Kritikers wieder, sie ist somit subjektiv, aber nicht willkürlich, da sie sich auf fundierte Sachkenntnisse gründet. Der Kritiker informiert die Leser über den Inhalt eines Werkes, interpretiert dessen Sinn, beurteilt die Qualität und vergleicht es mit anderen Werken. Die Leser sollen sich mit Hilfe der Kritik eine eigene Meinung bilden.
- **Glosse:** Glossen sind oft polemisch und **satirisch formulierte Kurzkommentare** zu aktuellen Ereignissen, menschlichen Schwächen und Missständen. Thematisch ist die Glosse keinen Beschränkungen unterworfen. Sie ist umso gelungener, je einfallsreicher und sprachgewandter der Autor das Thema abhandelt. So sind Glossen durch ihren kunstvollen Aufbau – sie gipfeln häufig in einer **Schlusspointe** –, die Verwendung von origineller Sprache und rhetorischen Mitteln gekennzeichnet.

Sachlich-informierende Textsorten

- **Meldung, Nachricht:** Wenn auch der Begriff Nachricht häufig bedeutungs-gleich mit Information, Meldung verwendet wird, so folgt die Textsorte Nach-richt, wie wir sie in der Zeitung finden, streng umrissenen Richtlinien. Die Nachricht beschränkt sich auf eine knappe Darstellung eines Sachverhalts. Das Wichtigste steht in der Überschrift (Schlagzeile) und im ersten Satz, der den Nachrichtenkern (Beantwortung der W-Fragen: Wer? Was? Wann? Wo? Wie? Warum?) enthält und den Lesern eine grundlegende Information bietet. Im weiteren Text folgen Zusatzinformationen mit abnehmender Bedeutung. Dieser Aufbau von Nachrichten, der vom Allgemeinen zum Besonderen führt, wird als **Lead-Stil** bezeichnet.
- **Bericht:** Der Bericht informiert sachlich und objektiv über aktuelle Ereignisse. Der knappen Nachricht werden im Bericht weitere Informationen hinzuge-fügt, um **Zusammenhänge** aufzuklären und **Hintergründe** aufzuzeigen. Der Bericht darf keine persönlichen Wertungen des Berichterstatters enthalten.
- **Reportage:** Eine Reportage ist eine informierende Textsorte der Zeitung, in die jedoch **persönliche Erfahrungen** des Journalisten einfließen. Der Journa-list arbeitet „vor Ort", sammelt Informationen, befragt Betroffene und Augen-zeugen und fängt die Atmosphäre ein. Die Reportage beginnt häufig mit einem originellen **Aufhänger**, der die Leser aufmerksam machen soll. **Erzäh-lerische Elemente** (z. B. wörtliche Rede) und **atmosphärische Schilderungen** erhöhen die Anschaulichkeit, sodass die Leser das Geschehen mitempfinden können.
- **Interview:** Ein Interview ist ein **gedrucktes Gespräch** eines Journalisten mit einer Person des öffentlichen Lebens. Ziel des Interviews ist es, ausführliche-re Informationen zu Sachverhalten oder eine persönliche Meinungsäußerung des Befragten zu erhalten.

Wissen kurz gefasst ✓

Kennzeichen des Zeitungstextes

- Zeitungstexte werden nach sachlich-informierenden und meinungsbildenden Tex-ten unterschieden.
- Zu den meinungsbildenden Texten gehören Kommentar, Rezension und Glosse.
- Zu den sachlich-informierenden Texten gehören Meldung, Nachricht, Bericht, Reportage und Interview.

Werbetexte

Werbung will Aufmerksamkeit erzeugen und den Adressaten überreden, ein bestimmtes Produkt zu kaufen oder eine angebotene Dienstleistung in Anspruch zu nehmen. Werbetexte findest du in allen Medien – gedruckt, gesprochen, visualisiert.

Werbung soll Aufmerksamkeit erregen

Der potenzielle Käufer muss zuerst auf ein Produkt aufmerksam gemacht werden. Dies ist nicht immer einfach, denn in der allgemeinen **Werbeflut** geht häufig eine einzelne Werbung unter. Außerdem beachten die meisten Menschen Werbung für Artikel, die sie bereits besitzen (z. B. Fernseher, Waschmaschine), in der Regel wenig.

Werbefachleute versuchen deshalb mit viel Raffinesse, **Aufmerksamkeit** zu erregen: Da viele Menschen nicht gewillt oder in der Lage sind, einen längeren Werbetext zu lesen, werden die Texte immer kürzer, die Bildkomposition wird immer wichtiger.

Werbung muss **einprägsam** sein: durch auffallende Bilder, durch kurze prägnante Texte, sogenannte Slogans, und durch häufige Wiederholung.

Der Slogan

Der Begriff „Slogan" kommt aus dem Schottischen und bedeutet so viel wie „Schlachtruf". Heute ist der Slogan der **Schlachtruf der Werbung**: Es soll jedoch kein Gegner eingeschüchtert, sondern ein potenzieller Käufer angesprochen werden – der Slogan soll ihm nicht mehr aus dem Kopf gehen, er soll sich stets daran erinnern, sodass er schließlich das beworbene Produkt kauft. Die Kaufentscheidung soll jedoch unbewusst erfolgen und die Menschen sollen das Gefühl haben, dass sie das Produkt unbedingt brauchen.

Wie Werbung funktioniert

Die AIDA-Formel, die Ende des 19. Jahrhunderts für Verkaufsgespräche entwickelt wurde, beschreibt, wie Werbung auf die Menschen wirken soll. AIDA bedeutet Folgendes:

A	Attention	Die **Aufmerksamkeit** des Betrachters soll geweckt werden,	z. B. durch „Hingucker": Kinder, Tiere, nackte Haut.
I	Interest	Das **Interesse** des Betrachters an der Sache soll angesprochen werden,	z. B. durch unerwartete Zusammenhänge, Andeutungen, rätselhafte Aufmachung.
D	Desire	Das **Verlangen** des Betrachters, der Kaufwunsch, soll geweckt werden,	z. B. durch rationale Gründe (Vorzüge des Produkts) oder durch irrationale Gründe (Image, Statussymbol, Ängste).
A	Action	Der Betrachter soll zum **Handeln**, zum Kauf des Produkts angeregt werden,	z. B. durch Aufforderung, Sonderangebote.

Sprachliche Mittel der Werbung

Um Aufmerksamkeit zu erregen und einprägsam zu sein, muss sich die Werbesprache von der Alltagssprache unterscheiden. Werbetexter setzen dabei auf auffällige rhetorische Figuren, z. B.:

- Neologismus (Wortneuschöpfung): *Der Powerstoff mit Sauerstoff* (für ein Erfrischungsgetränk)
- Apostroph (direkte Anrede des Lesers): *Aufwachen!* (für T-Mobile)
- Ellipse (unvollständiger Satz): *Mit Sicherheit mehr vom Fahren* (für den ADAC)
- Anglizismus (Verwendung englischer Begriffe): *SMART SURFER* (für web.de)
- Wortspiel: *BILD Dir Deine Meinung!* (für die Bild-Zeitung)
- Modewörter: *Schmeckt unverschämt cool und soft* (für einen Kinder-Riegel)
- Anspielung: *Deutschland ist Weltmeister* (für einen PC-Virenscanner)
- Übertreibung: *Nichts ist unmöglich!* (für Toyota-Automobile)
- Alliteration: *Bitte ein bit!* (für eine Biermarke)
- Reim: *Haribo macht Kinder froh* (für Gummibärchen)
- Trikolon (Dreiergruppe): *Chancen. Bildung. Perspektiven.* (für das Abendgymnasium Offenbach)
- Paradoxon (scheinbar Widersinniges): *Das einzige Girokonto, das zahlt statt kostet.* (für eine Bank)

Wissen kurz gefasst

Kennzeichen des Werbetextes

- Werbetexte gibt es in allen Medien: in der Zeitung, im Fernsehen, im Rundfunk, im Internet usw.
- Der wichtigste Bestandteil des Werbetextes ist der kurze, einprägsame Slogan. Er soll nach der AIDA-Formel die Menschen zum Kauf animieren.
- Die Werbesprache bedient sich häufig auffallender rhetorischer Mittel.

Medien

Medien (Singular: das Medium) sind Hilfsmittel zur Übermittlung von Unterhaltung und Information.

In Lehrbüchern, Sachbüchern und Lexika kannst du Sachfragen klären. In den modernen Massenmedien Zeitung, Rundfunk, Fernsehen und Internet findest du Texte (oder Sendungen), denen du stets aktuelle Informationen entnehmen kannst.

Oft dienen Massenmedien auch als Kommunikationsplattform (z.B. Leserbrief, Chatroom).

Buch

Das Buch ist das älteste Medium. Schon im Mittelalter haben Mönche in Klosterstuben die Bibel, philosophische Werke oder Ratgeber für den Alltag (z.B. über den Gebrauch von Heilkräutern) abgeschrieben. Der technische Fortschritt – von der **Erfindung des Buchdrucks** im 15. bis hin zum **Computersatz** im 20. Jahrhundert – hat die Herstellung von Büchern ständig verbilligt, was zu einer unüberschaubaren Anzahl von Büchern (zu allen Themen, in aller Welt) geführt hat.

Zeitung

Zeitungen gibt es seit dem 18. Jahrhundert. Erst erschienen sie unregelmäßig, dann oft monatlich. Heute kennen wir vor allem **Tages- und Wochenzeitungen**. Sie verwenden besondere Textformen – je nachdem, ob es sich um kurze oder ausführliche Sachinformationen, um Meinungen oder Stellungnahmen handelt.

Hörfunk, Film und Fernsehen

In den modernen Massenmedien trifft man auf die Inhalte von literarischen Texten und Sachtexten. Ein literarischer Text kann für den Rundfunk als **Hörspiel**, für das Fernsehen als **Fernsehspiel** aufbereitet sein. Viele Stoffe werden nur als **Drehbücher** für Filme verfasst. Mit Sachtexten verhält es sich ebenso: Sie bilden die Grundlage für informative Rundfunk- oder Fernsehsendungen.

Internet

Die aktuellsten Informationen findet man im Internet. Die **Nachrichtenseiten** vieler Provider werden ständig aktualisiert, auch die **Homepages** der Fernsehsender oder Zeitungsverlage sind immer auf dem neuesten Stand – und damit den Nachrichtensendungen in Rundfunk und Fernsehen meist weit voraus.

Viele Sachinformationen kann man auf privaten Homepages und in Onlinelexika finden. Doch das Internet bietet noch mehr: In **Chatrooms** kann man sich mit anderen austauschen, Fragen stellen, Hilfe suchen. Der **Kommunikation** sind kaum noch Grenzen gesetzt. Da jedoch jedermann im Internet veröffentlichen kann, ist die Richtigkeit der Information und Auskünfte keineswegs gesichert.

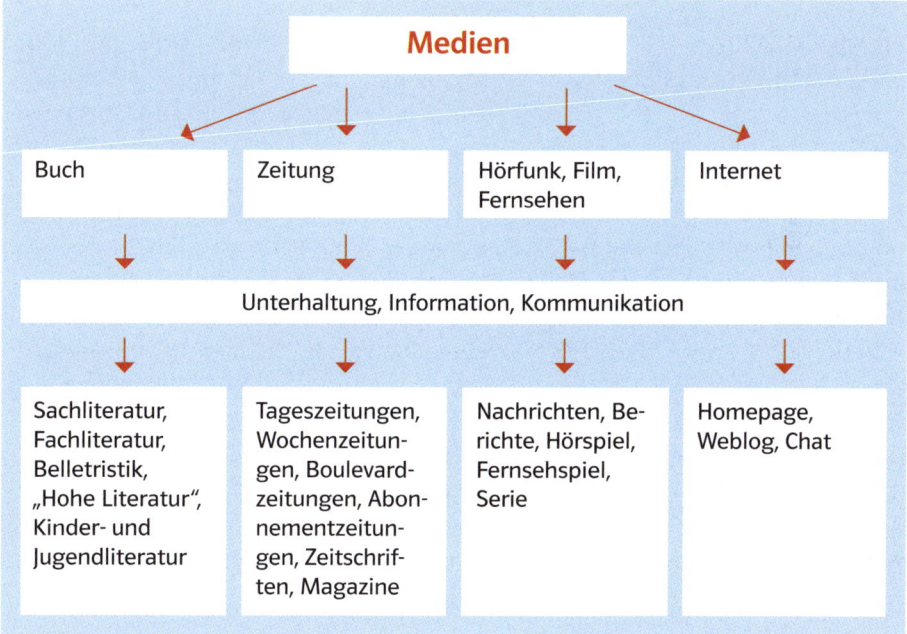

Medien

| Buch | Zeitung | Hörfunk, Film, Fernsehen | Internet |

Unterhaltung, Information, Kommunikation

| Sachliteratur, Fachliteratur, Belletristik, „Hohe Literatur", Kinder- und Jugendliteratur | Tageszeitungen, Wochenzeitungen, Boulevardzeitungen, Abonnementzeitungen, Zeitschriften, Magazine | Nachrichten, Berichte, Hörspiel, Fernsehspiel, Serie | Homepage, Weblog, Chat |

Wissen kurz gefasst ✓

Medien
- Medien sind Hilfsmittel zur Übermittlung von Unterhaltung und Information.
- Das traditionelle Medium ist das Buch; es ist bis heute auch das zuverlässigste.
- Die modernen Massenmedien – Zeitung, Hörfunk, Fernsehen, Film und Internet – dienen der Unterhaltung und liefern schnell aktuelle Informationen.
- Die Massenmedien fördern teilweise auch die Kommunikation zwischen den Menschen.

Buch und Buchmarkt

Bücher entstehen nicht am Schreibtisch eines einsamen Dichters. Dieser schreibt allenfalls einen Text, der später zu einem Buch wird. Doch bis es so weit ist, sind Verleger, Lektoren, Hersteller, Vertriebsleiter und viele andere Helfer nötig, dem „Rohmaterial" Text eine Form zu geben, die Buchhändler akzeptieren und Leser kaufen.

Die Buchidee

Bis ein neues Buch erscheint, dauert es Monate, manchmal Jahre. Am Anfang steht aber immer die Idee, gerade dieses Buch zu schreiben. Diese Idee kann vom **Autor** stammen, der sich einen Verlag sucht, der das Buch mit ihm macht; das ist häufig bei literarischen Werken der Fall. Sie kann aber auch vom **Verlag** kommen, der dann nach einem geeigneten Autor Ausschau hält. Oft trägt das Interesse der **Öffentlichkeit** zum Erscheinen eines aktuellen Sachbuchs bei (z. B. einer Biografie über einen neuen Papst, einer Darstellung der letzten Fußballweltmeisterschaft usw.).

Autor und Lektor

Der Autor schreibt das Buch, oft wählt er auch geeignete Abbildungen aus. Er arbeitet eng mit dem Lektor (oder Redakteur) zusammen, der den fertigen Text, das **Manuskript**, aus der Sicht des Verlags und der Leser beurteilt. Der Lektor kümmert sich um die sprachliche Gestaltung und bringt möglicherweise Korrekturen an. Er greift auch in die Gliederung ein und achtet auf den Gesamtumfang des Werkes.

Herstellung und Vertrieb

Aufgabe des Herstellers ist es, zusammen mit dem Lektor ein Manuskript und die zugehörigen Abbildungen in eine **passende Buchform** zu bringen. Folgende Fragen müssen dabei geklärt werden: Wie viele Seiten soll das Buch umfassen? Welche Schrifttype und welche Schriftgröße ist angemessen? Soll das Buch in Farb- oder Schwarzweißdruck hergestellt werden? Welche Abbildungen sollen eingefügt werden? Wie soll es gebunden werden? usw. Alle diese Fragen wirken sich auf den **Preis des Buchs** aus, deshalb müssen auch diejenigen gehört werden, die mit dem Vertrieb des Buchs beauftragt sind. Sie wissen, was das Buch kosten darf, um Käufer zu finden, welche äußere Aufmachung der Leser erwartet usw. Letztlich muss auch die **Auflagenhöhe** festgelegt werden, denn:

Je höher die Auflage, desto niedriger sind die Kosten pro Buch. Allerdings muss die Auflage realistisch eingeschätzt werden, damit alle gedruckten Exemplare verkauft werden können.

Satz und Druck

Sind alle diese Fragen geklärt, wird der Text gesetzt. Texte werden auf die **Druckseiten** verteilt, Abbildungen eingefügt. Es erfolgt der „**Umbruch**". Autor, Lektor und Korrektor überprüfen die **Druckfahnen** auf sachliche und sprachliche Richtigkeit. Danach wird das Buch gedruckt, gebunden und ausgeliefert.

Buchmessen

Buchmessen gibt es seit dem 16. Jahrhundert. Auf ihnen können sich Buchhändler und Grossisten einen Überblick über Neuerscheinungen verschaffen und Einkäufe tätigen. Buchmessen dienen aber auch der Kommunikation aller am Buchmarkt Tätigen: Verleger knüpfen Kontakte zu Autoren und umgekehrt, Leser können sich informieren und anwesende Autoren kennen lernen, Autoren präsentieren sich in Lesungen einer breiteren Öffentlichkeit. Die wichtigste Messe im deutschsprachigen Raum ist die **Frankfurter Buchmesse**, die jährlich im Oktober in Frankfurt am Main veranstaltet wird.

Rezensionen, Bestenlisten

Der **Information der Leser** und der **Verkaufsförderung** dienen auch Rezensionen und Bestenlisten. Rezensionen, also Buchkritiken, erscheinen im Feuilleton von Tages- und Wochenzeitungen sowie in vielen Zeitschriften und Magazinen. Dabei werden neu erschienene Bücher von kundigen Redakteuren oder Fachwissenschaftlern besprochen – kritisiert oder gelobt. Die in Zeitschriften erscheinenden Bestenlisten geben die Rangfolge der Bücher anhand der Verkaufszahlen wieder; auch dies ist für viele Leser ein Lese- und Kaufanreiz.

Wissen kurz gefasst

Buch und Buchmarkt

- Bücher entstehen in Gemeinschaftsarbeit zwischen Autor und Verlag. Besondere Aufgaben kommen dabei dem Lektor, dem Hersteller und dem Vertriebsleiter zu.
- Buchhandlungen und Internet-Buchhändler werben für Bücher (meist in Zusammenarbeit mit dem Verlag) und vertreiben diese.
- Buchmessen, Rezensionen und Bestenlisten informieren über Neuerscheinungen und Bestseller, sie wecken dadurch den Kaufwunsch.

Zeitung

Zeitungen gehören zu den Massenmedien, da sie in großen Auflagen gedruckt und verbreitet werden. In den letzten Jahren und Jahrzehnten haben Zeitungen scheinbar Konkurrenz bekommen: Hörfunk, Fernsehen und Internet informieren die Menschen meist schneller als die Zeitung, die immer nur über die Ereignisse des Vortags berichten kann. Trotzdem nimmt die Zahl der Zeitungsleser nicht ab – die Leser schätzen es, nicht nur kurze Nachrichten zu erhalten, sondern umfassend informiert zu werden und diese Informationen später noch einmal nachlesen zu können. In diesen Punkten ist die Zeitung den anderen Massenmedien immer noch überlegen.

Zeitungstypen

Bei den Tageszeitungen kann man **regionale** und **überregionale** sowie die **Boulevardzeitung** und die **Abonnementzeitung** unterscheiden.

- **Boulevardzeitungen** (von franz. boulevard = Straße) sind Zeitungen, die überwiegend auf der Straße, an **Zeitungsständen** und **Kiosken**, verkauft werden. Um die Aufmerksamkeit der potenziellen Leser (und Käufer) zu erregen, bedienen sich Boulevardzeitungen **reißerischer Überschriften** und **plakativer Fotos**. Die Berichterstattung orientiert sich in Inhalt und Sprache an dem, was die Leser wünschen: die politischen und wirtschaftlichen Themen in Kürze, dazu Informationen über die High Society, über Skandale von Stars und Sternchen, Sportnachrichten, die oft auch das Privatleben der Sportler einbeziehen, sowie anschauliche Berichte über aktuelle Kriminalfälle. Politische Themen stehen hintan, meist werden sie aus der Sicht des Lesepublikums vereinfacht wiedergegeben.
  Bekannte Boulevardzeitungen sind BILD (bundesweit), AZ und tz (München), Berliner Kurier (Berlin), Express (Köln) usw.
- **Abonnementzeitungen** werden zwar auch „auf der Straße" verkauft, in der Mehrzahl aber **direkt an den Leser geliefert**, der die Zeitung langfristig bestellt (abonniert) hat und sie morgens in seinem Briefkasten findet. Abonnementzeitungen gelten als **seriöse Zeitungen**, weil sie nicht auf reißerische Aufmacher angewiesen sind. Ihre Berichterstattung geht tiefer, die Kommentare sind fundierter, der Informationsgehalt ist höher als bei den Boulevardblättern. Das entspricht den Interessen der Abonnenten. Auch die Themen der Berichterstattung verschieben sich: Die Leser der Abonnementzeitung erwarten neben genauer Information auch

Hintergrundwissen zu tagesaktuellen Fragen. Sie interessieren sich auch für wirtschaftliche Aspekte und kulturelle Fragen.

Wichtige Abonnementzeitungen sind die Süddeutsche Zeitung (München), die Frankfurter Allgemeine Zeitung (Frankfurt), Die Welt (Berlin) und die taz (Berlin).

Aufbau einer Zeitung

Tageszeitungen sind in **Sachgebiete (Ressorts)** gegliedert. Auf Seite 1 stehen die neuesten Nachrichten, dann folgt der politische Teil, der aus Nachrichten, Berichten und Kommentaren besteht. Dabei trennen die verschiedenen Zeitungen meist nach Innen- und Außenpolitik. Im Inneren der Zeitung

finden sich die Texte nach Ressorts gegliedert: Wirtschaft, Kultur, Unterhaltung, Lokales, Sport und Anzeigen. Werbung enthalten alle Teile der Zeitung.

Wissen kurz gefasst

Kennzeichen der Zeitung

- Zeitungen gehören wie Hörfunk, Fernsehen und Film zu den Massenmedien.
- Man unterscheidet regionale, überregionale, Boulevard- und Abonnementzeitungen.
- Boulevardzeitungen werden oft wegen ihrer reißerisch aufgemachten Titelseite gekauft. Sie geben Sachinformationen zu politischen und wirtschaftlichen Themen in knapper Form; vergleichsweise ausführlich behandeln sie unterhaltsame Themen aus den Bereichen Sport, Fernsehen, Film, Gesellschaft.
- Abonnementzeitungen werden vom Leser bestellt und meist ins Haus geliefert. Sie informieren genauer über aktuelle Vorgänge und Hintergründe. Die Unterhaltung der Leser ist nicht Hauptzweck.

77

Hörfunk und Fernsehen

Der Rundfunk (Hörfunk und Fernsehen) ist ein Medium des 20. Jahrhunderts. Er basiert auf den Errungenschaften des technischen Fortschritts und lässt durch Ton und bewegte Bilder die Menschen unmittelbarer an den Geschehnissen teilhaben, als dies den Zeitungen möglich ist. Möglicherweise leiden dadurch die Ernsthaftigkeit der Darstellung und der Informationsgehalt.

Entstehung von Rundfunk und Fernsehen

Die Entdeckung der elektromagnetischen Wellen durch den Physiker Wilhelm Hertz 1888 ermöglicht es den Sendeanstalten, akustische und optische Signale zu versenden, die von einem Empfänger (Radio- oder Fernsehgerät) wieder hör- und sehbar gemacht werden.

Schon während des Ersten Weltkriegs wurden Radiosendungen an die deutsche Westfront gesendet. Dabei handelte es sich um Musikübertragungen, die den Durchhaltewillen der Soldaten fördern sollten. **1920** gingen die **ersten öffentlichen Radiosendungen** über den Äther, **1930** wurden **erste Fernsehsendungen** ausgestrahlt. Der Zweite Weltkrieg unterbrach diese rasante Entwicklung, die erst zu Beginn der 50er-Jahre wieder aufgenommen wurde. Das Jahr **1952** gilt als das **Geburtsjahr des Fernsehens in Deutschland**. Die Sendungen wurden in Schwarz-Weiß ausgestrahlt, erst 1967 gab es erste Übertragungen in Farbe. Inzwischen setzen schon viele Sender bei der Ausstrahlung ihrer Programme die digitale Technik ein.

Öffentlich-rechtliche und private Sender

In den ersten Jahrzehnten unterstanden alle Sendeanstalten der **öffentlichen Kontrolle**. Damit sollte eine **ausgewogene Berichterstattung** gewährleistet werden, die alle Bevölkerungsgruppen gleichermaßen anspricht und den **Bildungsauftrag** der mit öffentlichen Geldern finanzierten Sendeanstalten erfüllt. Anfangs gab es nur ARD und ZDF sowie die regionalen Dritten Programme. Erst **1984** wurden auf Beschluss des Deutschen Bundestages auch **private Fernsehsender** wie RTL, SAT 1 u.a. zugelassen, die sich durch Werbung finanzieren. Heute kennt man zwei Arten von privatem Fernsehen: **Free-TV** und **Pay-TV**. Bei Free-TV handelt es sich um Sendungen, die jeder kostenlos ansehen kann. Pay-TV setzt ein Abonnement bei einer Fernsehgesellschaft voraus und erfordert ein technisches Gerät, den Dekoder, das den Empfang der Sendungen nach Zahlung einer Nutzungsgebühr ermöglicht.

Aufgaben von Hörfunk und Fernsehen

Die Gemeinsamkeiten von Hörfunk und Fernsehen liegen im Bereich ihrer Aufgaben. Beide Medien wollen informieren und unterhalten, dienen der Meinungsbildung und bieten der Werbung eine Plattform. Folgende **Sendeformate** erfüllen diese Aufgaben:

- **Information:** Nachrichten, Reportagen, Schulfunksendungen.
- **Meinungsbildung:** Magazine zu politischen und gesellschaftlichen Themen, Diskussionsrunden, Interviews.
- **Unterhaltung:** Filme, Fernsehfilme, Serien, Shows, Quizsendungen, Musiksendungen, Sportübertragungen, Talkshows usw.
- **Werbung:** Werbespots, Verkaufssendungen (im privaten Fernsehen).

Daneben gibt es auch eigene Sendungen für Kinder und Jugendliche. Der Vorrat an Sendeformaten ist schier unerschöpflich und es kommen immer wieder neue hinzu. In den 80er- und 90er-Jahren erlebten die **Fernseh-Talkshows** und die **Soaps** einen Boom, derzeit laufen auf vielen Kanälen sogenannte **Telenovelas**, Fortsetzungsgeschichten, die meist aus der Sicht der weiblichen Hauptperson erzählt werden und für ein jüngeres Publikum konzipiert sind.

Das Hörspiel

Schon in den 50er-Jahren, vor der Einführung des Fernsehens, wurde eine **literarische Gattung** speziell für den Hörfunk entwickelt: das Hörspiel. Dabei sprechen Figuren – ähnlich wie im Drama – in **Monologen** und **Dialogen**. Für die Information der Zuhörer und die Stimmung, die erzeugt werden soll, sorgen **Musik** und **Geräusche**. Viele bekannte Autoren nutzten das Medium und schrieben Hörspiele oder bereiteten Texte (Dramen, Kurzgeschichten) als Hörspiele auf, z. B. Wolfgang Borchert (Draußen vor der Tür), Friedrich Dürrenmatt (Die Panne) und Ingeborg Bachmann (Der gute Gott von Manhattan).

Wissen kurz gefasst

Kennzeichen von Hörfunk und Fernsehen

- Die Anfänge des Mediums Rundfunk liegen zu Beginn des 20. Jahrhunderts.
- Seit 1984 gibt es in Deutschland neben öffentlich-rechtlichen auch private Sender, die ihre Sendungen teilweise in der Form des Pay-TV vermarkten.
- Information, Unterhaltung, Meinungsbildung und Werbung sind die Aufgaben aller Hörfunk- und Fernsehprogramme.
- Hörfunk und Fernsehen bringen immer neue Sendeformate hervor.

Die Wortarten

Im Deutschen gibt es verschiedene Wortarten. Verben, Substantive (Nomen), Artikel, Adjektive, Numerale und Pronomen können flektiert (dekliniert oder konjugiert) werden. Adverbien, Präpositionen, Konjunktionen, Interjektionen (sogenannte Teilchen oder Partikeln) bleiben immer unverändert.

Fachbegriff	deutsche Bezeichnung	Beispiele	Kennzeichen	
Substantiv/ Nomen	Hauptwort, Namenwort	Handy, Freund, Manhattan, Susi	flektierbar	können dekliniert werden
Artikel bestimmter Artikel unbestimmter Artikel	Begleiter	der, die, das ein, eine, ein		
Adjektiv	Eigenschaftswort	schön, gut, rosa		
Numerale Kardinalzahl Ordinalzahl	Zahlwort Grundzahl Ordnungszahl	zwei, siebzig erste, der Dritte		
Pronomen	Fürwort	ich, mein, mich		
Verb	Zeitwort Tätigkeitswort	lernen, gehen, schreiben		kann konjugiert werden
Adverb	Umstandswort	draußen, jetzt, so, trotzdem	nicht flektierbar	können nicht dekliniert und nicht konjugiert werden
Präposition	Verhältniswort	durch, für, ohne, infolge, kraft		
Konjunktion (koordinierende oder subordinierende Konjunktionen)	Bindewort (nebenordnend oder unterordnend)	und, auch, oder, weder … noch dass, weil, bevor, nachdem		
Interjektion	Empfindungswort, Ausrufewort	Pfui!, Oh!, Ha!, Au!, Ach!		

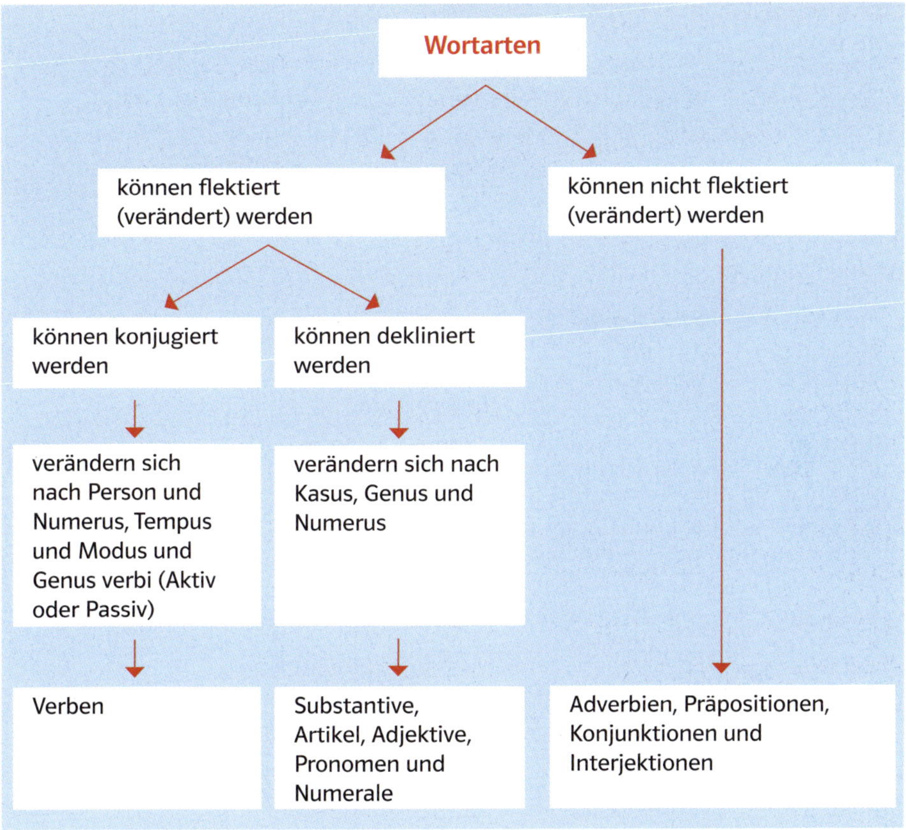

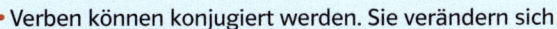

Wortarten

können flektiert (verändert) werden

können nicht flektiert (verändert) werden

können konjugiert werden

können dekliniert werden

verändern sich nach Person und Numerus, Tempus und Modus und Genus verbi (Aktiv oder Passiv)

verändern sich nach Kasus, Genus und Numerus

Verben

Substantive, Artikel, Adjektive, Pronomen und Numerale

Adverbien, Präpositionen, Konjunktionen und Interjektionen

Wissen kurz gefasst ✓

Kennzeichen der verschiedenen Wortarten

- Verben können konjugiert werden. Sie verändern sich dabei.
- Substantive, Artikel, Adjektive und Pronomen können dekliniert werden. Auch sie verändern sich dabei.
- Adverbien, Präpositionen, Konjunktionen und Interjektionen können nicht flektiert werden, sie bleiben immer unverändert.

Das Verb (Tätigkeitswort, Plural: die Verben)

Das Verb bildet das Prädikat. Dieses ist – zusammen mit dem Subjekt – der wichtigste Bestandteil eines vollständigen Satzes. Verben werden nach ihrer Verwendung, ihrem Verhältnis zu anderen Wortarten und ihrer Bedeutung unterschieden; sie können konjugiert oder in der infiniten Form gebraucht werden.

Verben kann man unterscheiden

- **nach Art ihrer Verwendung:**

Vollverben	bilden allein das Prädikat	z. B. arbeiten, essen, schreiben, turnen	Tina schreibt einen Brief.
Hilfsverben	helfen beim Bau eines zusammengesetzten Prädikats	haben, sein, werden	Thomas ist mit seinen Freunden ins Kino gegangen.
Modalverben	verändern die Aussageweise des Prädikats	dürfen, können, mögen, müssen, sollen, wollen	Evi wollte gern Musik hören.

- **nach ihrem Verhältnis zu anderen Wortarten:**

transitive Verben	benötigen ein Akkusativobjekt	z. B. einladen, lieben, lesen	Tim hat seine Freunde eingeladen.
intransitive Verben	benötigen kein Objekt, ziehen möglicherweise ein Dativ-, Genitiv- oder Präpositionalobjekt nach sich	z. B. gehen, arbeiten, helfen, sorgen (für)	Silvia geht nach Hause.
Viele Verben können transitiv und intransitiv gebraucht werden, z. B. *lesen, essen, tanzen, lernen*: Tanja liest gern. Tanja liest einen Roman.			
reflexive Verben	haben ein Reflexivpronomen bei sich	z. B. (sich) beeilen, (sich) waschen, (sich) nähern	Ich beeile mich.

- **nach ihrer Bedeutung:**

Tätigkeitsverben	bezeichnen eine Tätigkeit	gehen, laufen, rennen, fliegen, kommen	Kathrin fliegt in die USA.
Zustandsverben	bezeichnen einen Zustand	leben, lieben, glauben, vergessen	Yannick lebt in Paris.

Verben können nach folgenden Gesichtspunkten konjugiert werden:

Person	1., 2. oder 3. Person	ich, du, er/sie/es, wir, ihr, sie
Numerus (Zahl)	Singular oder Plural	Ich schicke Jessica eine SMS. Meine Brieffreunde schreiben mir oft.
Tempus (Zeit)	Präsens, Präteritum, Perfekt, Plusquamperfekt, Futur I, Futur II	Moritz lernt tanzen. (lernte, hat gelernt, hatte gelernt, wird lernen, wird gelernt haben)
Genus verbi (Handlungsrichtung)	Aktiv oder Passiv	Astrid liest einen Krimi. Der Krimi wird auch von vielen ihrer Mitschüler gelesen.
Modus (Aussageweise)	Indikativ oder Konjunktiv	Benedikt ärgert sich, weil er in Englisch eine schlechte Note hat. Marlene würde sich auch ärgern, wenn sie eine schlechte Note hätte.
Konjugierte Verbformen nennt man auch finite Verbformen (Personalformen des Verbs).		

Außerdem gibt es infinite (nicht konjugierte) Verbformen:

Infinitiv	Grundform So findet man das Verb im Wörterbuch.	wird verwendet zur Bildung von Futur I	lesen Ich werde lesen.
Partizip I	Partizip Präsens	wird z. B. als Adjektiv verwendet	lesend Der lesende Schüler.
Partizip II	Partizip Perfekt	wird verwendet zur Bildung von Perfekt, Plusquamperfekt und Futur II	gelesen Ich habe gelesen. Ich hatte gelesen. Ich werde gelesen haben.

Wissen kurz gefasst

Kennzeichen des Verbs

- Verben sind Tätigkeitswörter, die in keinem vollständigen Satz fehlen dürfen.
- Verben können unterschieden werden nach: Vollverben, Hilfsverben und Modalverben, transitiven, intransitiven und reflexiven Verben und nach Tätigkeits- und Zustandsverben.
- Verben können konjugiert werden. Sie verändern sich dann nach Person (1., 2. und 3. Person), Numerus (Einzahl, Mehrzahl), Tempus (Zeitstufe), Genus verbi (Aktiv, Passiv) und Modus (Indikativ, Konjunktiv).
- Es gibt auch infinite Verbformen: Infinitiv, Partizip I und Partizip II.

Der Modus des Verbs und die indirekte Rede

Indikativ, Konjunktiv und Imperativ geben den Modus (die Aussageweise) des Verbs wieder. So kann man durch die Formenbildung zwischen Wirklichkeit, Möglichkeit oder Wunsch und Aufforderung unterscheiden. Konjunktiv I wird für die indirekte Rede verwendet.

Der Indikativ (Wirklichkeitsform)

Diese Form des Verbs bezeichnet
- wahrscheinliche oder tatsächliche Sachverhalte:
  Im Fach Französisch ist die Aussprache wichtiger als in Latein.
- allgemeingültige Aussagen:
  Mädchen und Jungen sind im Abitur gleichermaßen erfolgreich.

Der Konjunktiv (Möglichkeitsform)

• **Konjunktiv I (Möglichkeitsform des Verbs)**
- wird für Wünsche, Aufforderungen und Ausrufe verwendet:
  Gehe er mir doch aus dem Weg. Man nehme drei Eier. Er lebe hoch!
- wird bei der indirekten Rede gebraucht:
  Tamara versicherte, sie habe die Pizza genau nach Rezept gebacken.
  In der Alltagssprache wird oft der Indikativ und ein mit *dass* eingeleiteter Nebensatz verwendet:
  Tamara versicherte, dass sie die Pizza genau nach Rezept gebacken hat.
Der Konjunktiv I wird aus dem Präsensstamm des Verbs und der Endung -e, -est, -en oder -et gebildet. Er tritt auf in den Formen des Konjunktiv Präsens (sie laufe), des Konjunktiv Perfekt (sie sei gelaufen) und des Konjunktiv Futur (sie werde laufen).

Wenn sich der Konjunktiv I nicht vom Indikativ Präsens unterscheidet, ersetzt man ihn durch den Konjunktiv II:
- Carolin sagt: „Alle meine Freundinnen <u>kommen</u> mit zum Picknick." (Indikativ, wörtliche Rede)
- Carolin sagt, alle ihre Freundinnen <u>kommen</u> mit zum Picknick. (Konjunktiv I, indirekte Rede, identisch mit dem Indikativ Präsens)
- Carolin sagt, alle ihre Freundinnen <u>kämen</u> mit zum Picknick. (Konjunktiv II als Ersatzform)

- **Konjunktiv II (Nichtwirklichkeitsform des Verbs, Irrealis)**
  - bezeichnet ein nicht wirkliches Geschehen:
    Hätte ich mich nur getraut, mit dem Ballon mitzufahren!
  - wird für höfliche Aufforderungen verwendet:
    Könntest du mir bei der Mathematikaufgabe helfen?
  - drückt einen unerfüllbaren Wunsch aus:
    Hätten wir doch schon Ferien!
  - wird in Konditionalssätzen (Bedingungssätzen) gebraucht:
    Wenn ich dir helfen könnte, hätte ich es getan.

  Der Konjunktiv II wird aus dem Präteritumstamm des Verbs und der Endung -e, -est, -en oder -et gebildet. Er tritt auf in den Formen des Konjunktiv Präsens (sie liefe), des Konjunktiv Perfekt (sie wäre gelaufen) und des Konjunktiv Futur (sie würde laufen).

  Wenn sich der Konjunktiv II nicht vom Indikativ Präteritum unterscheidet, verwendet man die Ersatzform mit würde:
  - Kevin sagt: „Wenn ich mitkommen darf, mache ich das Lagerfeuer an." (Indikativ, wörtliche Rede)
  - Kevin sagt, wenn er mitkommen dürfte, machte er das Lagerfeuer an. (Konjunktiv II, indirekte Rede, identisch mit dem Indikativ Präteritum)
  - Kevin sagt, wenn er mitkommen dürfte, würde er das Lagerfeuer anmachen. (Ersatzform mit würde)

Der Imperativ (Befehlsform)

Er drückt einen Wunsch, einen Befehl, eine Aufforderung oder ein Verbot aus.
    Erledige endlich deine Hausaufgaben! Kommt zum Essen! Lass das!
Den Imperativ gibt es nur in der 2. Person Singular oder Plural. Er wird aus dem Präsensstamm des Verbs und der Endung -e oder -t gebildet.

Wissen kurz gefasst ✓

Der Modus des Verbs

- Der Modus des Verbs wird durch Indikativ, Konjunktiv oder Imperativ ausgedrückt.
- Der Indikativ ist die meist gebrauchte Form, er gibt die Wirklichkeit wieder.
- Der Konjunktiv I zeigt eine Möglichkeit auf und wird in der indirekten Rede verwendet.
- Der Konjunktiv II drückt die Nichtwirklichkeit aus.
- Der Imperativ drückt Befehle, Aufforderungen, Wünsche oder Verbote aus.

85

Das Partizip (Mittelwort)

Verben können die Form des Partizips annehmen. Partizipien gehören – wie der Infintiv – zu den infiniten (nicht flektierten) Verbformen; sie bilden keine Personalform.

Man kann zwei Formen des Partizips unterscheiden:

• **Partizip I (Partizip Präsens, Mittelwort der Gegenwart)**
  Es wird gebildet aus dem Wortstamm und der Endung -end (manchmal auch -nd):

Verb:	lesen	Partizip I:	lesend
	essen		essend
	wissen		wissend

Das Partizip I wird verwendet:

– als Adjektiv: Der im Unterricht <u>schlafende</u> Schüler bekommt den Lernstoff nicht mit.

– als Adverb: Die Lehrerin fand den Schüler <u>schlafend</u> auf seinem Platz.

– als Substantiv: Der <u>Schlafende</u> war ganz erstaunt, als er geweckt wurde.

– anstelle eines Satzes: <u>Im Unterricht schlafend</u> hat er viel neuen Stoff versäumt.
(statt: <u>Während er im Unterricht schlief</u>, hat er viel neuen Stoff versäumt.)

- **Partizip II (Partizip Perfekt, Mittelwort der Vergangenheit)**
  Es wird gebildet aus dem Wortstamm, der Vorsilbe ge- und der Endung -t (bei regelmäßigen bzw. schwachen Verben) oder -en (bei unregelmäßigen bzw. starken Verben):

Verb:	lesen	Partizip II:	gelesen
	essen		gegessen
	wissen		gewusst

Das Partizip II wird verwendet

– als Adjektiv:	Der bereits <u>geschriebene</u> Brief wurde nie abgeschickt.
– als Adverb:	Der Brief lag <u>geschrieben</u> im Papierkorb.
– als Substantiv:	<u>Das Geschriebene</u> hätte den Empfänger sehr verärgert.
– anstelle eines Satzes:	<u>Von Julia geschrieben</u> wurde der Brief von ihrer Mutter weggeworfen. (statt: <u>Nachdem Julia den Brief geschrieben hatte</u>, wurde er von ihrer Mutter weggeworfen.)

sowie zur Bildung

– des Perfekts	sie hat <u>geschrieben</u>
– des Plusquamperfekts	sie hatte <u>geschrieben</u>
– des Futur II	sie wird <u>geschrieben</u> haben
– des Passiv	Der Brief wurde <u>geschrieben</u>.

Partizipien sind zwar infinite Verbformen, sie werden aber dekliniert, wenn sie z.B. wie Adjektive oder Substantive/Nomen verwendet werden:

der schlafend<u>e</u> Schüler, dem schlafend<u>en</u> Schüler; der Schlafend<u>e</u>, dem Schlafend<u>en</u>

Wissen kurz gefasst ✓

Das Partizip

- Das Partizip wird aus dem Verb gebildet.
- Man unterscheidet das Partizip I (Partizip Präsens) und das Partizip II (Partizip Perfekt).
- Beide Formen des Partizips können als Adjektiv, Adverb, Substantiv/Nomen oder anstelle eines Satzes verwendet werden.
- Das Partizip II wird außerdem zur Bildung der Zeitstufen Perfekt, Plusquamperfekt und Futur II sowie zur Bildung des Passivs gebraucht.

Das Substantiv/Nomen und der Artikel

Das Substantiv/Nomen (Hauptwort, Namenwort) ist neben dem Verb das wichtigste Wort im Satz. Es bildet das Subjekt (Satzgegenstand). Substantive können nach gewissen Merkmalen grammatikalisch bestimmt und unterschieden werden. Substantive können immer einen Artikel (Begleiter) bei sich haben.

Substantive lassen sich nach folgenden Merkmalen bestimmen:
- **Genus** (grammatikalisches Geschlecht): Maskulinum, Femininum, Neutrum
- **Numerus** (Zahl): Singular, Plural
- **Kasus** (Fall): Nominativ, Genitiv, Dativ, Akkusativ

Werden Substantive nach Numerus und Kasus verändert, spricht man von der Deklination des Substantivs.

Substantive lassen sich nach verschiedenen Merkmalen unterscheiden:
- **Konkreta** (Gegenstandswörter, die konkrete Dinge benennen):
  Fußball, Handy, Tagebuch, Füller, Buch, Computer, Tanja, Egon, Stuttgart
- **Abstrakta** (Begriffswörter, die Gedachtes benennen):
  Freundschaft, Liebe, Hoffnung, Glaube, Ärger, Glück, Missverständnis
- **Sammelbegriffe** (Oberbegriffe für verschiedene andere Begriffe):
  die Möbel, die Speisen, die Getränke, das Obst
- **Komposita** (zusammengesetzte Hauptwörter):
  Warteschleife, Hausboot, Sanduhr, Hundehütte, Eierkocher
- **Wörter, die substantiviert wurden** (z. B. Adjektive oder Verben, die zu Substantiven gemacht wurden):
  das Tanzen, das Reiten, das Gelbe, der Neue

Das Substantiv kann man durch ein Pronomen ersetzen. Diese Methode solltest du in deinen Aufsätzen anwenden, damit deine Sätze nicht eintönig klingen. Statt:

  Kevin und Thomas gingen ins Kino. Kevin und Thomas sahen sich den neuesten Actionfilm an.

solltest du schreiben:

  Kevin und Thomas gingen ins Kino. Sie sahen sich den neuesten Actionfilm an.

Substantive können einen Artikel mit sich führen:

Man unterscheidet
– den bestimmten Artikel: *der – die – das*
– und den unbestimmten Artikel: *ein – eine – ein*.
Durch den Artikel ist das grammatikalische Geschlecht festgelegt:

Fachbegriff	deutscher Begriff	Artikel	Beispiel
Maskulinum	männlich	der	der Vater
Femininum	weiblich	die	die Mutter
Neutrum	sächlich	das	das Kind

Nicht immer stimmen das grammatikalische und das biologische Geschlecht überein:

Beispiel	biologisches Geschlecht	grammatikalisches Geschlecht
das Mädchen	weiblich	Neutrum
das Kind	weiblich oder männlich	Neutrum
die Hängematte	–	Femininum

Manchmal helfen unterschiedliche Artikel, gleichlautende Wörter mit verschiedener Bedeutung (sog. Homonyme) auseinanderzuhalten:

die Steuer (Abgabe)	das Steuer (Lenkvorrichtung)
der Tau (Niederschlag)	das Tau (Seil)
die Leiter (Steiggerät)	der Leiter (Führer, Vorgesetzter)

Wissen kurz gefasst

Das Substantiv/Nomen und der Artikel

- Substantive/Nomen sind Haupt- oder Namenwörter, die in keinem vollständigen Satz fehlen dürfen.
- Substantive lassen sich nach Genus, Numerus und Kasus bestimmen.
- Man unterscheidet Substantive nach unterschiedlichen Merkmalen in Konkreta, Abstrakta, Sammelbegriffe, Komposita und Substantivierungen/Nominalisierungen (meist Verben und Adjektive).
- Der bestimmte oder unbestimmte Artikel gibt einen Hinweis auf das grammatikalische Geschlecht des Substantivs.

Das Pronomen (Fürwort, Plural: Pronomen oder Pronomina)

Im Deutschen gibt es eine Vielzahl von Pronomen, die ganz unterschiedliche grammatikalische Funktionen erfüllen. Der Begriff Pronomen kommt aus dem Lateinischen: lat. pro = für, lat. nomen = Namenwort. Im Deutschen wird das Pronomen als Fürwort bezeichnet, denn es steht oft für ein Nomen oder erläutert ein Nomen näher.

Folgende Arten von Pronomen kann man unterscheiden:

Das Personalpronomen (persönliches Fürwort)

Das Personalpronomen steht stellvertretend für ein Nomen. Es steht immer in dem Genus, Numerus und Kasus, in dem das Nomen auch stehen würde.

Statt:

> Patrizia weckt ihren Bruder und schaut sich mit ihrem Bruder das Mitternachtsfeuerwerk an.

schreibst du besser:

> Patrizia weckt ihren Bruder und schaut sich mit ihm das Mitternachtsfeuerwerk an.

Tipp

Du solltest im Aufsatz dann ein Personalpronomen statt eines Nomens wählen, wenn du das Nomen öfter wiederholen müsstest. Durch die Verwendung des Personalpronomens kannst du Eintönigkeit vermeiden.

Das Demonstrativpronomen (hinweisendes Fürwort)

Das Demonstrativpronomen kann bei Substantiven den Artikel ersetzen. Es weist auf etwas Bestimmtes (Person, Sache oder Sachverhalt) hin:

> Wer ist dieser Junge? Gib mir dieses Handy! Warum hast du das getan?

Das Possessivpronomen (besitzanzeigendes Fürwort)

Das Possessivpronomen zeigt an, was zu wem gehört; es ersetzt den Artikel:

> Das ist mein CD-Player.

Das Reflexivpronomen (rückbezügliches Fürwort)

Das Reflexivpronomen wird verwendet, wenn das Subjekt und das Objekt in einem Satz die gleiche Person oder Sache bezeichnen, z. B.:

> Ich lache mich halb tot.

Das Relativpronomen (bezügliches Fürwort)

Die Relativpronomen *der – die – das* leiten immer einen Nebensatz (Relativ-satz) ein. Die Relativpronomen *welcher – welche – welches* können ebenfalls verwendet werden, klingen in einem Text aber meist etwas holprig.

Das Kochrezept, <u>das</u> ich gesucht habe, hat Mama verliehen.

Das Kochbuch, <u>welches</u> ich zum Geburtstag bekommen hatte, fand ich nicht. (Besser: Das Kochbuch, <u>das</u> ich … bekommen hatte, …)

Das Interrogativpronomen (Fragefürwort)

Die Interrogativpronomen *wer – was – welcher/welche/welches – was für ein/ eine/einer* leiten Fragen ein:

<u>Wer</u> hilft mir bei den Hausarbeiten?

<u>Was</u> haben wir in Englisch auf?

<u>Welche</u> Seite im Arbeitsheft sollen wir bearbeiten?

<u>Was für ein</u> Buch sollen wir morgen dabei haben?

Das Indefinitpronomen (unbestimmtes Fürwort)

Das Indefinitpronomen (z. B. *man, jemand, niemand, einige, einzelne, irgend-etwas, alle, jeder*) wird verwendet, wenn man Personen oder Sachverhalte nicht genauer bestimmen kann. Wenn man sich nicht wirklich sicher ist, sollte man nicht schreiben: Viola hat meine CD-ROM verkratzt.

Sondern: *Irgendjemand* (oder *Jemand*) hat meine CD-ROM verkratzt.

Wissen kurz gefasst

Die Pronomen

- Pronomen sind Fürwörter. Oft stehen sie für ein Nomen/Substantiv, manchmal er-läutern sie dieses näher.
- Das Personalpronomen steht stellvertretend für ein Nomen (*statt* Patrizia steht <u>*sie*</u>).
- Das Demonstrativpronomen weist auf etwas Bestimmtes hin (*Ich möchte <u>dieses</u> Buch ausleihen*).
- Das Possessivpronomen zeigt an, was zu wem gehört (<u>*mein*</u> *CD-Player*).
- Das Reflexivpronomen steht immer bei einem reflexiven Verb (*Ich bedanke <u>mich</u>*).
- Das Relativpronomen bindet einen Nebensatz an einen Hauptsatz an (*Das Kochre-zept, <u>das</u> ich gesucht habe*).
- Das Interrogativpronomen leitet eine Frage ein (<u>*Wer hilft mir bei den Hausarbeiten?*</u>).
- Das Indefinitpronomen steht für eine nicht näher bestimmte Person oder Sache oder gibt eine Menge, Anzahl, Größe usw. an (<u>*Irgendjemand*</u> *hat meine CD-ROM verkratzt*).

Der Satz

Durch Aussagesätze, Ausrufesätze oder Fragesätze kannst du verschiedene Inhalte und Aussageabsichten ausdrücken. Dabei kannst du zwischen einfachen und komplexen Sätzen, Hauptsätzen und Nebensätzen, Satzreihen und Satzgefügen wählen.

Beispiel	Satzart
Die nächsten Sommerferien verbringe ich bei einer Gastfamilie in England.	Aussagesatz
Könnte ich doch die nächsten Sommerferien bei einer Gastfamilie in England verbringen!	Ausrufesatz – Wunschsatz
Du musst die nächsten Sommerferien bei einer Gastfamilie in England verbringen!	– Befehlssatz
Verbring doch die nächsten Sommerferien bei einer Gastfamilie in England!	– Aufforderungssatz
Willst du die nächsten Sommerferien bei einer Gastfamilie in England verbringen?	Fragesatz – Entscheidungsfrage
Warum willst du die nächsten Sommerferien bei einer Gastfamilie in England verbringen?	– Ergänzungsfrage
	Satzform
Die nächsten Sommerferien verbringe ich in einer Gastfamilie in England, …	Hauptsatz
… weil ich meine Sprachkenntnisse verbessern will.	Nebensatz
	Satzverbindungen
Die nächsten Sommerferien verbringe ich in einer Gastfamilie in England, denn ich will meine Sprachkenntnisse verbessern.	Satzreihe (Parataxe: Verbindung von Hauptsatz und Hauptsatz)
Die nächsten Sommerferien verbringe ich in einer Gastfamilie in England, weil ich meine Sprachkenntnisse verbessern will.	Satzgefüge (Hypotaxe: Verbindung von Hauptsatz und Nebensatz)

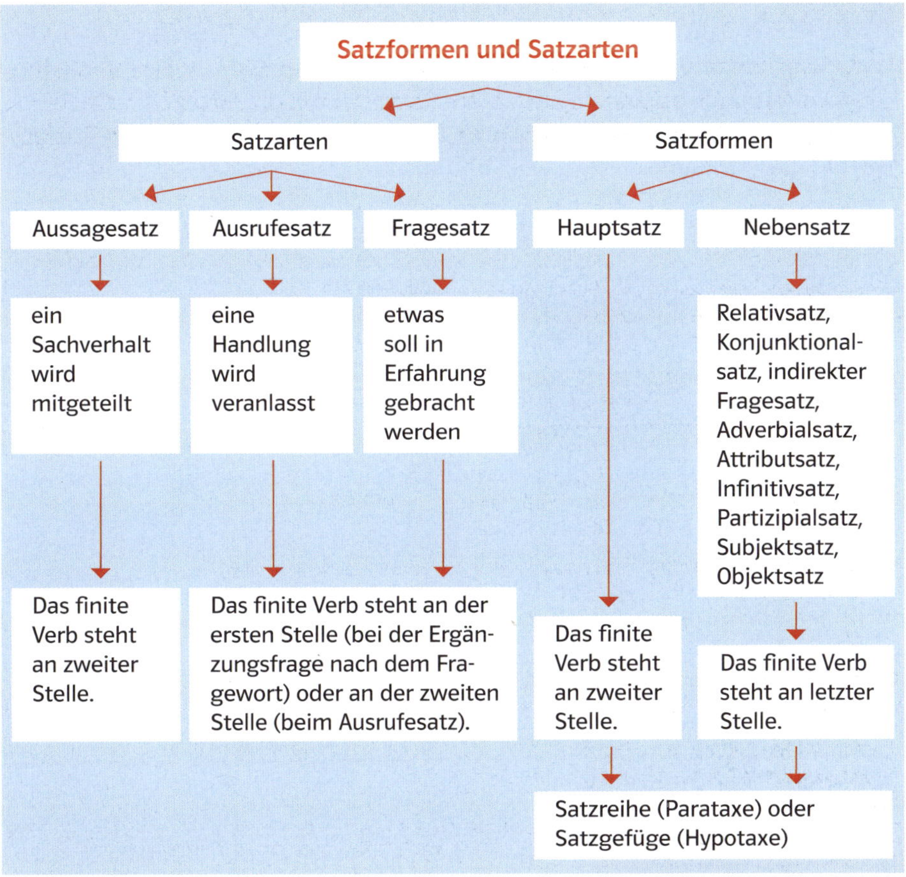

Satzformen und Satzarten

Satzarten

Satzformen

Aussagesatz	Ausrufesatz	Fragesatz
ein Sachverhalt wird mitgeteilt	eine Handlung wird veranlasst	etwas soll in Erfahrung gebracht werden
Das finite Verb steht an zweiter Stelle.	Das finite Verb steht an der ersten Stelle (bei der Ergänzungsfrage nach dem Fragewort) oder an der zweiten Stelle (beim Ausrufesatz).	

Hauptsatz	Nebensatz
	Relativsatz, Konjunktionalsatz, indirekter Fragesatz, Adverbialsatz, Attributsatz, Infinitivsatz, Partizipialsatz, Subjektsatz, Objektsatz
Das finite Verb steht an zweiter Stelle.	Das finite Verb steht an letzter Stelle.

Satzreihe (Parataxe) oder Satzgefüge (Hypotaxe)

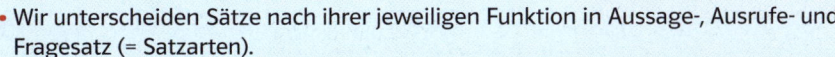

Der Satz (Satzart, Satzform, Satzverbindungen)

Wissen kurz gefasst ✓

- Wir unterscheiden Sätze nach ihrer jeweiligen Funktion in Aussage-, Ausrufe- und Fragesatz (= Satzarten).
- Man kann Sätze auch nach Haupt- und Nebensätzen (Relativsatz, Konjunktionalsatz, indirekter Fragesatz, Adverbialsatz, Attributsatz, Infinitivsatz, Partizipialsatz, Subjektsatz, Objektsatz) unterscheiden – je nach Bauform und Stellung der personalen Verbform (= Satzform).
- Nach der Art ihrer Verknüpfung unterscheidet man die Satzreihe (Parataxe = Verbindung von Hauptsätzen) und das Satzgefüge (Hypotaxe = Verbindung von Haupt- und Nebensätzen).

Relativsatz, Konjunktionalsatz und indirekter Fragesatz

Relativsätze, Konjunktionalsätze und indirekte Fragesätze sind Nebensätze, die auf ganz besondere Weise mit dem Hauptsatz verknüpft sind: entweder durch ein Relativpronomen, durch eine Konjunktion oder ein Fragepronomen. Daher kommt auch ihre Bezeichnung.

Der Relativsatz
Der Relativsatz wird eingeleitet durch
- – ein Relativpronomen: *der, die, das; welcher, welche, welches*
  - Der blaue Füller, <u>der</u> sich in Svens Federmäppchen befindet, gehört mir.
- – Präposition und Relativpronomen: *zu der, über welches usw.*
  - Die Party, <u>zu der</u> wir gehen wollten, fand gar nicht statt.
- – ein Relativadverb: *wo, wie, woher, wohin*
  - Dorthin, <u>wohin</u> wir fahren wollten, gab es keine Zugverbindung.

Das Relativpronomen stimmt in Genus und Numerus mit dem Wort im Hauptsatz überein, auf das es sich bezieht:

Der blaue Füller, <u>der</u> sich in Svens Federmäppchen befindet, gehört mir.

Tipp

Ein Relativsatz ist meist ein Attributsatz, nimmt also die Stelle des Attributs ein: Statt:

Der blaue Füller, <u>der</u> sich in Svens Federmäppchen befindet, gehört mir.

könntest du auch schreiben:

<u>Der in Svens Federmäppchen befindliche</u> blaue Füller gehört mir.

Der Konjunktionalsatz
Der Konjunktionalsatz wird durch eine unterordnende Konjunktion eingeleitet: *als, wenn, falls, weil, damit, sodass, obwohl, indem* und *dadurch, dass*

<u>Als</u> ich beim Eislaufen am Weiher war, traf ich dort fast die ganze Klasse.

Tipp

Konjunktionalsätze sind meist Adverbialsätze, sie nehmen also im Satz die Stelle einer adverbialen Bestimmung ein:

<u>Beim Eislaufen am Weiher</u> traf ich fast die ganze Klasse.

Der indirekte Fragesatz

Der indirekte Fragesatz wird durch die Fragepronomen *wer, was, wann, warum, wo, wie* oder durch die Konjunktion *ob* eingeleitet:

Während du im direkten Fragesatz schreibst:
> <u>Wem</u> habe ich mein Wörterbuch geliehen?

heißt es im indirekten Fragesatz:
> Ich überlegte, <u>wem</u> ich mein Wörterbuch geliehen hatte.

Indirekte Fragesätze können nach Entscheidungsfrage oder Ergänzungsfrage unterschieden werden.
Bei der Ergänzungsfrage verwendest du die Fragepronomen *wer, was, wann, warum, wo, wie,*

bei der Entscheidungsfrage verwendest du die Konjunktion *ob*:
> Ich überlegte, <u>ob</u> ich Miriam mein Wörterbuch geliehen hatte.

Indirekte Fragesätze werden nie mit einem Fragezeichen abgeschlossen.

Tipp

Wissen kurz gefasst ✓

Relativsatz, Konjunktionalsatz und indirekter Fragesatz

- Relativsätze, Konjunktionalsätze und indirekte Fragesätze sind Nebensätze.
- Der Relativsatz wird durch ein Relativpronomen, eine Präposition und ein Relativpronomen oder ein Relativadverb eingeleitet.
- Der Konjunktionalsatz wird durch eine unterordnende Konjunktion eingeleitet und ist meist ein Adverbialsatz.
- Der indirekte Fragesatz wird durch ein Fragepronomen oder die Konjunktion *ob* eingeleitet.

Infinitivsatz und Partizipialsatz

Infinitive und Partizipien kommen in vielen Sätzen vor. Sie können zu Nebensätzen umgewandelt werden, indem man sie erweitert.

Der Infinitivsatz

Der reine Infinitiv wird mit *zu* gebildet. Er kommt in vielen Hauptsätzen vor:

> Ich beschloss aufzugeben. Es macht mir Spaß zu lesen.

Wird die Infinitivform um eine adverbiale Bestimmung oder um ein Objekt erweitert, spricht man vom erweiterten Infinitiv, dem satzwertigen Infinitiv oder vom Infinitivsatz.
Statt:

> Es macht mir Spaß zu lesen.

kannst du präziser schreiben:

> Es macht mir Spaß(,) <u>den neuen Fantasyroman</u> zu lesen.

Dabei ist

> <u>den neuen Fantasyroman</u>

die Erweiterung.

Der neu entstandene Infinitivsatz

> <u>den neuen Fantasyroman</u> zu lesen

kann durch Komma vom Hauptsatz abgetrennt werden.

Die Besonderheit beim Infinitivsatz besteht darin, dass das Komma nicht immer gesetzt werden muss. Es muss nur gesetzt werden, wenn eine Formulierung im Hauptsatz auf den Infinitivsatz hinweist:

> Seine größte Freude besteht <u>darin</u>, in Mathematik gute Noten zu schreiben.

 Der Infinitivsatz kann als Subjekt- oder Objektsatz oder als Adverbialsatz vorkommen.

 Der reine Infinitiv mit *zu* darf nicht mit dem substantivierten (nominalisierten) Verb mit *zum* (für *zu dem*) verwechselt werden:

> Ich gehe gern zum Schwimmen.

Hier bleibt auch eine erweiterte Form ohne Komma:

> Ich gehe gern mit meinen Freunden zum Schwimmen.

Der Partizipialsatz

Die Regeln für den Partizipialsatz sind im Kern die gleichen wie für den Infinitivsatz.

In einem Hauptsatz mit Partizip steht kein Komma:

<u>Lachend</u> ging Sebastian auf den Pausenhof.

Ist das Partizip erweitert (man spricht dann von der Partizipialgruppe oder dem Partizipsatz), kann man ein Komma setzen, um Missverständnissen vorzubeugen oder das Lesen zu erleichtern:

<u>Laut über seine Mitschüler lachend</u>(,) ging Sebastian auf den Pausenhof.

Der Partizipialsatz kann mit einem Partizip I (Partizip Präsens) oder mit einem Partizip II (Partizip Perfekt) gebildet werden:

mit Partizip I: Einen Fußball dribbelnd(,) rannte Igor über den Pausenhof.

mit Partizip II: Gerade aus dem Skilager angekommen(,) wollte Kyra vom Deutschlehrer ihre Note erfahren.

Wissen kurz gefasst ✓

Infinitivsatz und Partizipialsatz

- Infinitive und Partizipien sind Bestandteile des Hauptsatzes.
- Erweiterte Infinitive und erweiterte Partizipien gelten als Nebensätze. Man nennt sie Infinitiv- bzw. Partizipialsatz.
- Infinitivsätze und Partizipialsätze können durch Komma vom Hauptsatz abgetrennt werden; meist können sie aber auch ohne Komma stehen.

Adverbialsatz und Attributsatz

Der Adverbialsatz und der Attributsatz sind Nebensätze, genauer: Gliedsätze. Man bezeichnet sie so, weil sie ein Satzglied – die Adverbiale bzw. das Attribut – ersetzen.

Der Adverbialsatz

Der Adverbialsatz steht anstelle einer Adverbiale in einem Satzgefüge. Deshalb kann man Adverbialsätze wie Adverbien einteilen:

Art des Adverbialsatzes	gibt Auskunft über	Konjunktion	Beispiel
Temporalsatz	Zeitverhältnis	als, während, solange, sobald, sooft, seit, seitdem, wenn, als nachdem, bis, bevor, ehe	Als ich das Auto auf mich zukommen sah, konnte ich gerade noch rechtzeitig zur Seite springen.
Modalsatz	Art und Weise	indem, dass, ohne dass, wobei	Sebastian duschte, wobei er laut sang.
Instrumentalsatz	Mittel	indem; dadurch, dass	Indem Kathrin ein Taxi nahm, kam sie trotz des Regens trocken nach Hause.
Kausalsatz	Grund	weil, da	Weil die Sonne strahlte und der Schnee griffig war, ging ich zum Skifahren.
Konditionalsatz	Bedingung	wenn, falls, sofern	Wenn dir die CD gefällt, leihe ich sie dir gerne.
Konzessivsatz	Einräumung	obwohl, obgleich, trotzdem, wiewohl, wenngleich	Obwohl Ines die Dame nach drei Zügen verloren hatte, gewann sie das Schachspiel.
Konsekutivsatz	Folge	so dass	Der Regen peitschte gegen die Windschutzscheibe, so dass der Busfahrer die Straße nicht mehr sah.
Finalsatz	Zweck	damit, dass	Damit er am Faschingsumzug Fotos machen konnte, nahm Dominik sein neues Fotohandy mit.
Adversativsatz	Gegensatz	anstatt dass	Marcel deckte sein Blatt ab, anstatt dass er mich abschreiben ließ.
Lokalsatz	Ort, Richtung	wo, wohin	Ich stand genau da, wo sich drei Minuten später der Unfall ereignete.

Die meisten Adverbialsätze werden mit einer Konjunktion gebildet. Man nennt sie deshalb Konjunktionalsätze. Nur der Lokalsatz, der mithilfe der Relativadverbien *wo, wohin* gebildet wird, ist ein Relativsatz.

Tipp

Der Attributsatz

Der Attributsatz steht anstelle eines Attributs. Er bezieht sich immer auf ein Bezugswort des übergeordneten Satzes und kann in verschiedenen Formen auftreten: als Relativsatz, Konjunktionalsatz, indirekter Fragesatz, aber auch als Infinitiv- und Partizipialsatz.

Beispiel für einen Satz mit Attribut:
> Das unter Denkmalschutz stehende Rathaus wird von vielen Touristen fotografiert.

Beispiel für einen Attributsatz (Relativsatz):
> Das Rathaus, das unter Denkmalschutz steht, wird von vielen Touristen fotografiert.

Wissen kurz gefasst ✓

Adverbialsatz und Attributsatz

- Adverbialsätze und Attributsätze sind Gliedsätze, also Nebensätze, die ein Satzglied ersetzen.
- Adverbialsätze stehen anstelle einer Adverbiale und werden meist durch eine Konjunktion eingeleitet.
- Attributsätze stehen anstelle eines Attributs und können als Relativsätze, Konjunktionalsätze, indirekte Fragesätze, aber auch als Infinitiv- und Partizipialsätze auftreten.

99

Subjektsatz und Objektsatz

Auch Subjekt- und Objektsätze sind Gliedsätze (Nebensätze). Sie ersetzen ein Satzglied: das Subjekt bzw. das Objekt.

Der Subjektsatz

Der Subjektsatz nimmt die Satzgliedstelle des Subjekts ein, es handelt sich um einen *dass*-Satz. Nach ihm kann genauso gefragt werden wie nach einem Subjekt: wer oder was?

Dass ich in Musik gute Zensuren bekomme, ist mir sehr wichtig.

Subjektsatz **Hauptsatz**
(= Nebensatz)

Frage: Wer oder was ist mir sehr wichtig? *Dass ich in Musik gute Zensuren bekomme.*
Die Frage zeigt, dass es sich bei *Dass ich in Musik gute Zensuren bekomme* um das Subjekt handelt.

Du könntest stattdessen auch schreiben:

Gute Zensuren in Musik sind mir sehr wichtig.

Subjekt

Hauptsatz

oder:

Dies ist mir sehr wichtig.

Subjekt

Hauptsatz

Tipp

Zwischen dem Subjektsatz (der die Funktion eines Nebensatzes hat) und dem übrigen Satz wird ein Komma gesetzt.

Der Objektsatz

Der Objektsatz nimmt die Satzgliedstelle des Objekts ein, es handelt sich um einen *dass*-Satz. Nach ihm kann so gefragt werden, wie nach jedem Objekt: wen oder was?

Mein Lehrer glaubt daran,   dass ich in Musik sehr gut bin.

Hauptsatz   **Objektsatz**
(= Nebensatz)

Frage: An wen oder was glaubt mein Lehrer? *An meine musikalischen Fähigkeiten.*
Die Frage zeigt, dass es sich bei *An meine musikalischen Fähigkeiten* um das Objekt handelt.

Du könntest stattdessen auch schreiben:

Mein Lehrer glaubt   an meine musikalischen Fähigkeiten.

Objekt

Hauptsatz

Zwischen dem Objektsatz (der die Funktion eines Nebensatzes hat) und dem übrigen Satz wird ein Komma gesetzt.

 Tipp

Wissen kurz gefasst ✓

Subjektsatz und Objektsatz

- Subjekt- und Objektsätze können als Nebensätze die entsprechenden Satzglieder ersetzen.
- Um den Subjektsatz bzw. den Objektsatz zu ermitteln, kannst du so fragen, wie du nach dem Subjekt bzw. dem Objekt fragst: wer oder was? wen oder was?
- Zwischen dem Subjekt- bzw. Objektsatz und dem Hauptsatz steht ein Komma.

Die Satzglieder

Alle Sätze bestehen aus verschiedenen Bausteinen, den Satzgliedern. Satzglieder sind die Teile eines Satzes, die als selbstständige Teile verschoben werden können.

Folgende Satzglieder kennt man in der deutschen Sprache:

Das **Subjekt**
ist ein Grundbaustein jedes vollständigen Satzes. Es wird aus einem Nomen/Substantiv oder einem Pronomen gebildet und steht immer im Nominativ:
> du – er – die Lehrerin – München – Neuseeland – Jakob

Das **Prädikat**
ist ebenfalls ein unverzichtbarer Satzbaustein; es wird aus einem Verb gebildet:
> ich jobbe – du jobbst – er, sie, es jobbt – wir jobben – ihr jobbt – sie jobben

Das **Objekt**
kann einen Satz ergänzen. Es gibt aber viele Sätze, die ohne Objekt auskommen. Das Objekt wird – wie das Subjekt – aus einem Nomen/Substantiv oder aus einem Pronomen gebildet. Objekte stehen im Genitiv, Dativ oder Akkusativ:
> des Lehrers – den Polizisten – die Freunde

Es kann auch ein Präpositionalobjekt vorliegen:
> (Ich warte) <u>auf</u> deine Entscheidung.

Das **Adverbiale**
ist ein Satzglied, das ein Geschehen näher bestimmt. Es kann als Wort, als Wortgruppe oder als Gliedsatz vorkommen:
> Quirin sieht <u>gern</u> Krimis.
> <u>Nach dem Anschauen von Krimis</u> schläft Quirin meist sehr unruhig.
> <u>Wenn Quirin einen Krimi gesehen hat</u>, schläft er meistens sehr unruhig.

Das **Attribut**
dient der näheren Bestimmung des Nomens. Es ist kein selbstständiges Satzglied, sondern Teil eines Satzgliedes:
> Unser Mathematiklehrer, <u>Herr Fichtner</u>, liebt Quader und Pyramiden.

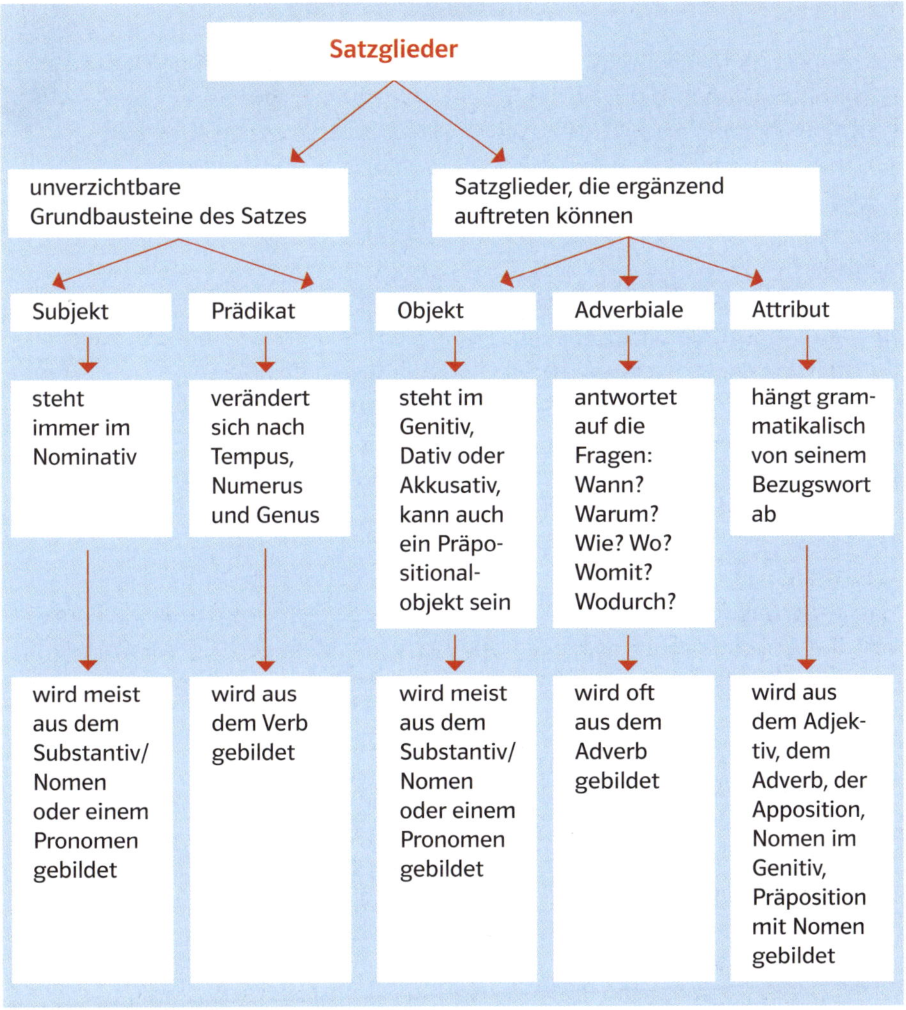

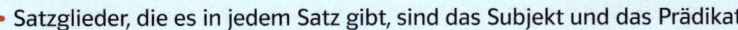

Satzglieder

unverzichtbare Grundbausteine des Satzes

Satzglieder, die ergänzend auftreten können

Subjekt	Prädikat	Objekt	Adverbiale	Attribut
steht immer im Nominativ	verändert sich nach Tempus, Numerus und Genus	steht im Genitiv, Dativ oder Akkusativ, kann auch ein Präpositionalobjekt sein	antwortet auf die Fragen: Wann? Warum? Wie? Wo? Womit? Wodurch?	hängt grammatikalisch von seinem Bezugswort ab
wird meist aus dem Substantiv/ Nomen oder einem Pronomen gebildet	wird aus dem Verb gebildet	wird meist aus dem Substantiv/ Nomen oder einem Pronomen gebildet	wird oft aus dem Adverb gebildet	wird aus dem Adjektiv, dem Adverb, der Apposition, Nomen im Genitiv, Präposition mit Nomen gebildet

Wissen kurz gefasst ✓

Die Satzglieder

• Satzglieder, die es in jedem Satz gibt, sind das Subjekt und das Prädikat.
• Ergänzend können Objekte, Adverbialen und Attribute hinzukommen.

Sprachgeschichte und Sprachvarianten

Beim Sprechen und Schreiben verwendest du die deutsche Sprache ganz selbstverständlich, meist ohne über sie nachzudenken. Dabei ist der gegenwärtige Sprachgebrauch keineswegs selbstverständlich. Unsere Sprache hat sich aus Vorformen des heutigen Deutsch entwickelt und ist auch nicht einheitlich – denke nur an die verschiedenen Dialekte. Die Sprache entwickelt sich immer weiter, weil z.B. neue Wörter – heute meist aus dem Englischen – hinzukommen.

Die Entwicklung des Wortschatzes

Die Form der deutschen Sprache, die heute in Deutschland und im benachbarten deutschsprachigen Ausland (Österreich, Schweiz u.a.) gesprochen wird, nennt man Neuhochdeutsch. Vorläufer dieser Sprachform sind das **Germanische**, das **Althochdeutsche** (ca. 750–1050) und das **Mittelhochdeutsche** (ca. 1050–1350).

- **Erbwort**

  Als Erbwörter bezeichnet man die Wörter, die **sozusagen „schon immer" zur deutschen Sprache gehören**, die also meist auf germanische, alt- oder mittelhochdeutsche Begriffe zurückgehen, z.B. *König, Wagen, Pferd, Bruder, Vater, Frau.*

- **Lehnwort**

  Lehnwörter wurden **aus anderen Sprachen entlehnt**, also übernommen. In Schreibweise, Aussprache und Grammatik sind sie dem Deutschen angepasst. Viele Lehnwörter der deutschen Sprache stammen aus dem Lateinischen.

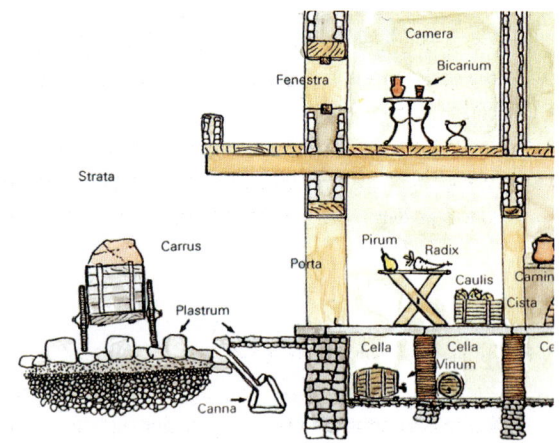

- **Fremdwort**

  Zwischen dem 17. und 19. Jahrhundert kamen viele Wörter **aus dem Französischen** zu uns, weil die französische Kultur für Deutschland lange Zeit

Vorbildcharakter hatte, z.B. *Blamage, Niveau, Garage, Toilette*. In jüngerer Vergangenheit werden **viele Wörter aus dem Englischen** in der deutschen Sprache verwendet.

Manche Fremdwörter sind nach Lautstand, Betonung und Schreibung einge-deutscht (z.B. *Sauce* bzw. *Soße*), andere werden noch als fremd empfunden (*Download, E-Mail, Handout, Mountainbike*). Die Grenzen sind dabei fließend.

Sprachvarianten

Im Deutschen wird zwischen Hoch- und Umgangssprache unterschieden. **Hochsprache** ist die Standard- oder Schriftsprache, die im öffentlichen Leben verwendet wird. Sachtexte, z.B. in der Zeitung, sind meist in Hochsprache abgefasst. Die **Umgangssprache** orientiert sich an der Hochsprache, ohne deren Regeln strikt einzuhalten. Weitere Varianten der Sprache:

- **Dialekt**
  Der Dialekt (die Mundart) ist **von Region zu Region unterschiedlich**. Sagt man in Süddeutschland „Bub" oder „Bua", spricht man im Norden vom „Jungen". Der Dialekt kann gesprochen werden; wenn man schreibt, sollte man sich an die Hochsprache halten.

- **Jugendsprache**
  Jugendsprache ist die Sprache, die Jugendliche verwenden, wenn sie unter ihresgleichen sind. Dabei herrscht in den verschiedenen Gruppierungen und Milieus ein jeweils unterschiedlicher Wortschatz vor, der häufig den jeweiligen Moden der Zeit Rechnung trägt (z.B. *chillen, raven*).

- **Fachsprache**
  Fachsprache wird in Sachtexten verwendet, um möglichst **genaue Informationen** geben zu können. Durch häufige Verwendung gehen Begriffe aus einer Fachsprache in den allgemeinen Sprachgebrauch ein (z.B. *Harddisc*).

Wissen kurz gefasst

Sprachgeschichte und Sprachvarianten

- Die deutsche Sprache entwickelte sich aus dem Germanischen über das Alt- und Mittelhochdeutsche zum Neuhochdeutschen, das wir heute gebrauchen.
- Erb- und Lehnwörter weisen noch auf die Vorformen des Neuhochdeutschen hin.
- Aus anderen Sprachen übernommene Wörter nennt man Fremdwörter.
- Das Neuhochdeutsche unterscheidet verschiedene Sprachvarianten: Hochsprache und Umgangssprache, Dialekt, Jugendsprache und Fachsprache.

Groß- und Kleinschreibung

Substantive/Nomen und Eigennamen werden immer großgeschrieben. Alle anderen Wortarten (Verben, Adjektive, Adverbien, Numerale, Pronomen usw.) schreibt man klein. Doch es gibt einige Einzelregelungen, die du kennen solltest.

Für die Groß- und Kleinschreibung gibt es vier Regeln:

Regel 1
Am Satzanfang wird immer großgeschrieben.
Ein neuer Satz beginnt immer nach einem Schlusspunkt, nach einem Ausrufe- oder Fragezeichen. Folgt nach einem Doppelpunkt ein vollständiger Satz, schreibt man das erste Wort ebenfalls groß.

Tina hat Tom eine SMS geschrieben. Sie ist gespannt, ob sie eine Antwort erhält.
Es gibt verschiedene Beerenarten: Man unterscheidet Blaubeeren, Erdbeeren, Heidelbeeren, Brombeeren, Johannisbeeren usw.
Aber: Ich habe verschiedene Beeren gefunden: viele Erdbeeren, aber auch Heidelbeeren.

Regel 2
Alle Substantive schreibt man groß.

das Haus, die Beine, das Fohlen, der Geländewagen, das Freibad

Wird ein Verb oder ein Adjektiv substantiviert (nominalisiert), schreibt man es ebenfalls groß. Solche substantivierten Verben oder Adjektive können immer mit einem Artikel gebraucht werden.

das Tanzen, das Kämpfen, das Neue, im Allgemeinen, der Einzelne, auf dem Laufenden sein, Jung und Alt, auf Englisch

Auch Tageszeiten, die nach Adverbien stehen, werden als Substantive angesehen.

gestern Vormittag, heute Nacht, morgen Abend
aber: Dienstag abends, am Dienstagabend

Regel 3

Alle Eigennamen sind Substantive, deshalb schreibt man sie groß.

Benedikt, Selina, Hamburg, Washington, Belgien, Ukraine

Manche Eigennamen bestehen zusätzlich zum Substantiv aus einem Adjektiv oder einem Partizip. Da diese ein fester Bestandteil des Begriffs sind, schreibt man sie ebenfalls groß.

Karl der Große, der Halleysche Komet, das Schwarze Meer, das Ulmer Münster, die Hängenden Gärten von Babylon

Regel 4

In einem sachlichen Brief schreibt man die höfliche Anrede „Sie" immer groß.

Ich grüße Sie ganz herzlich. Ich gratuliere Ihnen zu Ihrem Geburtstag. Ich danke Ihnen für Ihre Nachricht.

Im persönlichen Brief kannst du die **persönliche Anrede** „du" klein- oder groß- schreiben.

Vielen Dank für deinen/Deinen Brief. Ich hoffe, es geht dir/Dir gut. Hoffentlich sehe ich euch/Euch bald wieder.

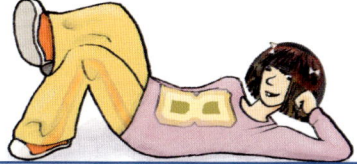

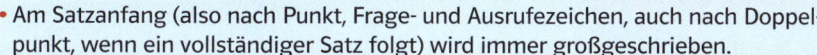

Wissen kurz gefasst ✓

Groß- und Kleinschreibung

- Am Satzanfang (also nach Punkt, Frage- und Ausrufezeichen, auch nach Doppel- punkt, wenn ein vollständiger Satz folgt) wird immer großgeschrieben.
- Alle Substantive sowie alle substantivierten Verben und Adjektive schreibt man groß.
- Eigennamen gelten als Substantive, man schreibt sie deshalb groß.
- In einem Brief schreibt man die höfliche Anrede immer groß, die persönliche Anrede kann man groß- oder kleinschreiben.
- Alle anderen Wörter (Verben, Adjektive, Adverbien, Numerale, Pronomen usw.) schreibt man klein.

107

Dehnung und Schärfung

Wird ein Vokal lang gesprochen, wird dies oft durch Verdoppelung des Vokals oder durch andere Mittel kenntlich gemacht. Man spricht dann von der Dehnung des Vokals.
Mit dem Begriff „Schärfung" sind Konsonanten gemeint. Wird der Vokal vor einem Konsonanten kurz gesprochen, wird das oft dadurch kenntlich gemacht, dass man den Konsonanten verdoppelt.

Folgende Regeln solltest du dir gut einprägen:

Dehnungsregeln

Regel 1
Wird ein Vokal lang gesprochen, wird er oft verdoppelt.
langes a: Aal, Haar, Paar, Saat, Staat, Waage – langes e: Beere, Klee, Schnee, See, Speer, Tee – langes o: Boot, Moos, Zoo

Regel 2
Wird ein Vokal lang gesprochen, wird dies oft durch ein Dehnungs-h kenntlich gemacht.
langes a: zahm, ahnen, lahm, wahr, Zahl – langes e: sehr, mehr, nehmen, lehren – langes i: ihm, ihr, ihre, ihnen, ihrem – langes o: Mohr, hohl, Sohn, ohne – langes u: Uhr, Huhn – Umlaute: Mähne, Möhre, kühn, fühlen – Doppellaute: fliehen, Vieh, Geweih, gedeihen, Reihe

Regel 3
Wird der Vokal i lang gesprochen, wird dies oft durch ein Dehnungs-e kenntlich gemacht.
sie, wie, Sieb, Knie, ich fiel, Liebe, die, Trieb, spielen, Hiebe

Regel 4
Manche Vokale, die lang gesprochen werden, werden nicht gekennzeichnet.
dir, mir, wir, er gibt, Tiger, Igel, Biber, Nische, Bibel, holen, malen, Muse

Tipp

- Die Vokale i und u werden nie verdoppelt.
- Der Vokal i kann auf folgende Weise gedehnt werden: -ie-, -ih-, -ieh-.
- Der lange Vokal in Vor- und Nachsilben wird nie kenntlich gemacht.
- Umlaute werden nicht verdoppelt: z.B. Härchen, Pärchen, Krähe, Föhn.

Schärfungsregeln

Regel 1
Folgt auf einen kurzen Vokal ein Konsonant, wird dieser meist verdoppelt.

Egge, Ebbe, Schiff, schmuggeln, paddeln, schlaff, Robbe, Nummer

Regel 2
Folgen auf einen kurzen Vokal zwei Konsonanten, werden diese nicht verdoppelt.

Salz, Schrank, Balken, Nelken, Hirn, schimpfen, Herz, Schmerz, stark, Sumpf

Regel 3
Folgen auf einen kurzen Vokal die Konsonanten k oder z, gilt folgende Ausnahme: Statt Konsonantenverdoppelung schreibt man ck bzw. tz.

spicken, necken, locken, wecken, hacken, schützen, nützen, Mütze, Besitz, Witz

Regel 4
Treffen bei zusammengesetzten Wörtern ein Doppelkonsonant und ein gleicher einfacher Konsonant aufeinander, stehen drei gleiche Konsonanten hintereinander.

Schifffahrt, Balletttänzer, Brennnessel, Pappplakat, Kontrolllampe

Regel 5
Die Konsonanten c, h, q, v, w, x und y werden nicht verdoppelt.

Wenn du dir nicht sicher bist, ob man ein Wort mit einfachem oder doppeltem Konsonanten schreibt, solltest du es verlängern, steigern oder trennen.

Tipp

Wissen kurz gefasst ✓

Dehnung und Schärfung
- Lang gesprochene Vokale sind oft, aber nicht immer, gekennzeichnet.
- Nach kurz gesprochenem Vokal wird der folgende Konsonant oft verdoppelt.
- Folgen auf einen kurzen Vokal zwei Konsonanten, werden diese nicht verdoppelt.
- Statt kk schreibt man ck, statt zz schreibt man tz.
- Treffen bei zusammengesetzten Wörtern ein Doppelkonsonant und ein gleicher einfacher Konsonant aufeinander, stehen meist drei gleiche Konsonanten hintereinander.
- Die Konsonanten c, h, q, v, w, x und y werden nicht verdoppelt.

Schreibung des s-Lautes

Im Deutschen kennt man drei s-Laute: *s*, *ss* und *ß*. Diese können am Anfang des Wortes (außer *ss* und *ß*), in der Mitte und am Ende auftreten.

Da man diese drei s-Laute nur schwer unterscheiden kann, muss man sich die geltenden Regeln gut einprägen.

Eine besondere Schwierigkeit besteht in der Unterscheidung von *das* und *dass*.

Folgendes Schaubild gibt dir einen Überblick über die verschiedenen s-Laute:

s-Laut	
stimmhaft (gesummt, weich)	stimmlos (gezischt, hart, scharf)
-s-	-s- -ss- -ß-
das oder dass?	

Regel 1

Den stimmhaften (gesummten, weichen) s-Laut schreibt man immer mit einem einfachen s.

    leise, brausen, sonnig, Salz, sauber, reisen, Hose, Gämse, Wiese, Pause, Riese

Regel 2

Den stimmlosen (gezischten, harten, scharfen) s-Laut schreibt man unterschiedlich: mit einem einfachen s, mit ss und mit ß.

    Gras, Maus, Atlas, frisst, Fluss, müssen, beißen, Straße, Floß

Das **einfache s** schreibt man bei
- kleinen Wörtern, z. B.: bis, aus, das, es, des
- Wörtern, die auf -is, -as, -us und -nis enden, z. B.: Kürbis, Iltis, Atlas, Gras, Bus, Geheimnis, Ereignis, Bekenntnis

ss schreibt man, wenn
- ein betonter kurz gesprochener Vokal oder Umlaut (z. B. ä, ü) vorausgeht, z. B.: wissen, essen, bissig, Fluss, ein bisschen, nass, Nuss, Tasse, Kissen, er lässt, ihr müsst, hässlich

ß schreibt man, wenn
- ein Doppellaut (Diphthong: au, ei, äu, eu) vorausgeht, z. B.: draußen, außerhalb, reißen, weiß, dreißig, heiß, Äußerung, scheußlich
- ein lang gesprochener Vokal oder Umlaut vorausgeht, z. B.: Metermaß, Muße, sie aßen, Spieß, fließen, süß, Gruß, Fuß, büßen, Straße, der Größte

Regel 3
das und *dass* bezeichnen verschiedene Wortarten und treten in verschiedenen Verwendungszusammenhängen auf:

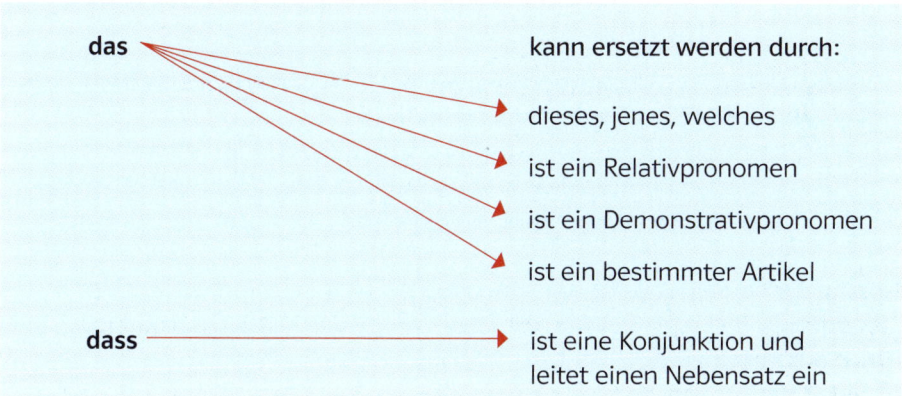

das — kann ersetzt werden durch:
- dieses, jenes, welches
- ist ein Relativpronomen
- ist ein Demonstrativpronomen
- ist ein bestimmter Artikel

dass — ist eine Konjunktion und leitet einen Nebensatz ein

Wissen kurz gefasst

Schreibung des s-Lautes
- Den stimmhaften s-Laut schreibt man immer mit einem einfachen *s*.
- Den stimmlosen s-Laut schreibt man unterschiedlich: mit einfachem *s*, mit *ss* und mit *ß*.
- Wichtig ist die Unterscheidung zwischen *ss* und *ß*: Wird der vorausgehende Vokal kurz gesprochen, schreibt man *ss*; wird er lang gesprochen, schreibt man *ß*.
- *das* und *dass* kann nach grammatikalischen Gesichtspunkten unterschieden werden: *das* kann ein Relativpronomen, ein Demonstrativpronomen oder ein bestimmter Artikel sein; *dass* ist eine Konjunktion und leitet einen Nebensatz ein.

Zusammen- und Getrenntschreibung

In vielen Fällen ist es kein Problem zu entscheiden, ob man eine Wortverbindung zusammen- oder getrennt schreibt. Komposita wie *Hausmeister*, *Überflieger* oder *Hundefutter* schreibt man immer zusammen. Auch bei vielen Adjektiven wie *altersschwach* und *denkfaul* erkennt man oft gar nicht mehr, dass es sich um zusammengesetzte Wörter handelt – auch sie schreibt man zusammen.

Trotzdem ist es hilfreich, die wichtigsten Regeln der Zusammen- und Getrenntschreibung zu kennen. Vor allem die Sonderfälle solltest du dir einprägen.

Zusammen schreibt man,

- **wenn Substantive, Adjektive, Präpositionen und Adverbien mit einem Verb eine untrennbare Zusammensetzung bilden.**

   maßregeln, schlafwandeln, langweilen, hintergehen, umfahren
   (Die Trennung der Wörter unter Beibehaltung ihres Sinns ist nicht möglich. Man kann nicht schreiben: ich regle Maß, ich wandle Schlaf usw.)

- **wenn die Verbindung aus Adjektiv und Verb eine neue Bedeutung bekommt.**

   krankschreiben (für: nicht zur Schule, zur Arbeit gehen müssen), richtigstellen (für: berichtigen), kürzertreten (für: weniger arbeiten, weniger Sport treiben)

- **die Verbindung von Substantiv und Verb, wenn der substantivische Teil die Eigenschaften eines Substantivs verloren hat.**

   eislaufen, teilnehmen, leidtun, stattfinden, kopfstehen

- **wenn Substantive, Verben, Adjektive, Präpositionen und Adverbien mit einem Adjektiv eine untrennbare Zusammensetzung bilden.**

   angsterfüllt, vorlaut, denkfaul, schreibgewandt, lernbegierig

 Tipp

Alle Substantivierungen der oben genannten Wortbeispiele schreibt man ebenfalls zusammen.

   das Schlafwandeln, das Kürzertreten, das Eislaufen, der Schreibgewandte

Getrennt schreibt man

- **alle Verbindungen mit dem Hilfsverb *sein*.**
  zufrieden sein, fertig sein, vorbei sein, vorhanden sein, zusammen sein

- **Verbindungen aus zwei Verben.**
  lesen lernen, tanzen üben, arbeiten gehen, spielen können

- **die Verbindungen aus Substantiv und Verb, bei denen der substantivische Teil die Eigenschaften eines Substantivs noch besitzt.**
  Auto fahren, Rad fahren, Schlange stehen, Ski laufen

- **Verbindungen aus Adjektiv und Verb, wenn das Adjektiv erweitert werden kann.**
  schnell laufen, dumm schauen, laut sprechen

Sonderfälle

- **Verbindungen mit *irgend-* werden meist zusammengeschrieben.**
  irgendjemand, irgendein, irgendwas, irgendwann, irgendwie, irgendwo
  (jedoch nicht: irgend so ein, irgend so etwas)

- **Verbindungen aus zwei Verben, wobei *bleiben* oder *lassen* den zweiten Wortbestandteil bilden und der Begriff eine neue Bedeutung bekommt, kannst du getrennt oder zusammenschreiben.**
  sitzen bleiben oder sitzenbleiben (für: in der Schule nicht versetzt werden), stehen lassen oder stehenlassen (für: sich vom Freund abwenden)

- **Verbindungen mit *so* und *wie* werden immer getrennt geschrieben, außer wenn es sich um Konjunktionen handelt.**
  so viel, so viele, so weit, wie viel, wie viele, wie hoch
  (jedoch nicht die Konjunktionen *solange*, *sobald*, *soviel*)

Wissen kurz gefasst

Zusammen- und Getrenntschreibung
- Die Zusammen- und Getrenntschreibung orientiert sich an Regeln, die man kennen muss.
- Besonders gut musst du dir die Sonderfälle einprägen: die Schreibweise der Verbindungen mit *irgend-*, mit *so* und *wie*, mit *bleiben* oder *lassen*.

Schreibung von Fremdwörtern

Bei der Schreibung von Fremdwörtern musst du gut auf ungewöhnliche Buchstaben und Buchstabenkombinationen achten. Dabei darfst du dich nicht nur auf dein Gehör verlassen, die Wörter sollten dir bekannt sein – deshalb solltest du sie dir gut einprägen.

Daneben gibt es noch einige Gesetzmäßigkeiten und Regeln, die du ebenfalls kennen solltest.

Verwendung von *ph, rh, th* und *y*

In Fremdwörtern werden oft Buchstaben und Buchstabenkombinationen verwendet, die es im Deutschen nur selten oder gar nicht gibt. Solche Wörter rechnet man oft der Bildungssprache zu und passt sie nicht der deutschen Schreibung an:

Metapher, Physik, Philosophie, Asphalt, Rhythmus, Rheuma, Theater, Mathematik, Lyrik, Analyse

Substantive mit der Endung *-ie*

Viele Fremdwörter enden auf *-ie*:

Monarchie, Demokratie, Diphtherie, Geografie/Geographie, Soziologie

Verben mit der Endung *-ieren*

Alle Fremdwörter, deren *i* lang gesprochen wird, enden auf *-ieren*:

frisieren, diskutieren, debattieren, diktieren, rasieren, studieren, telefonieren

i im Wortinneren

Viele Fremdwörter haben im Wortinneren nur ein einfaches *i*, wo man ein *ie* erwarten würde, da sie lang gesprochen werden:

Maschine, Vitamine, Turbine, Praline, Invalide, stabil, Benzin

Quartier schreibt man immer mit *ie*!

Eingedeutschte Fremdwörter

Viele Fremdwörter, die im Deutschen oft gebraucht werden, sind inzwischen in ihrer Schreibweise dem Deutschen angeglichen:

Fantasie (statt Phantasie), Spagetti (statt Spaghetti), Panter (statt Panther)

Diese Regelung gilt besonders für Fremdwörter mit den Wortbestandteilen
phon, *phot* und *graph*:
  Foto (statt Photo), Fotograf (statt Photograph), Telefon (statt Telephon),
  Geografie (statt Geographie), Mikrofon (statt Mikrophon), Xylofon (statt
  Xylophon)

Zusammengesetzte Fremdwörter
Fremdwörter werden in Zusammensetzungen zusammengeschrieben oder –
wenn sie so bekannter sind bzw. wenn es sich um Aneinanderreihungen han-
delt – mit Bindestrich verbunden.
  Sciencefiction (oder Science-Fiction), Make-up, Sit-in oder Sitin,
  Shoppingcenter oder Shopping-Center, No-future-Generation

Bildung des Plurals
Fremdwörter bilden die Pluralform durch verschiedene Endungen:
  -e: Friseur – Friseure
  -s: Foto – Fotos
  -en: Atlas – Atlanten (auch Atlasse), Globus – Globen (auch Globusse)

Präge dir die gebräuchlichsten Fremdwörter und ihre Schreibweise gut ein –
nur so kannst du Fehler vermeiden.

Tipp

Wissen kurz gefasst ✓

Schreibung von Fremdwörtern

- Oft werden in Fremdwörtern selten gebrauchte Buchstaben (*y*) und Buchstaben-
  kombinationen (*ph*, *rh*, *th*) verwendet.
- Viele Fremdwörter (Nomen) enden auf *-ie*.
- Das lange *i* im Wortinneren von Fremdwörtern wird nicht gekennzeichnet.
- Bei einigen Fremdwörtern ist die Schreibweise an das Deutsche angeglichen.
- Fremdwörter bilden die Pluralform durch Anhängen von *-e*, *-s* oder *-en*.
- Grundsätzlich musst du dir merken: Fremdwörter schreibt man oft anders, als man
  sie spricht; du musst dir deshalb die Schreibweise gut einprägen.

Zeichensetzung

Der richtige Gebrauch von Satzzeichen ist wichtig, weil Satzzeichen einen Text gliedern; das erleichtert seine Lesbarkeit und sein Verständnis.
Während die Satzschlusszeichen (Punkt, Ausrufezeichen, Fragezeichen) meist wenig Probleme bereiten, musst du dir die Regeln für den Gebrauch des Kommas gut einprägen.

Satzschlusszeichen: Punkt, Ausrufezeichen und Fragezeichen
Satzschlusszeichen stehen immer am Ende eines vollständigen Satzes.
- Der Punkt schließt einen Aussagesatz ab.
    Ich habe eine neue Handynummer.
- Ein Ausrufezeichen steht immer am Ende eines Ausrufe- oder Aufforderungssatzes.
    Ich glaube es einfach nicht! Leih mir doch deinen MP3-Player!
- Das Fragezeichen steht am Ende eines Fragesatzes.
    Warum kommst du nicht mit zur Party?

Satzzeichen im Satz: Das Komma
Das Komma steht im Satz. Es trennt Haupt- und Nebensätze oder Satzteile voneinander ab, die nicht durch *und* oder *oder* verbunden sind.

Verwendung	Erläuterung	Beispiel
Das Komma zwischen Haupt- und Nebensatz	Ein Komma wird gesetzt, wenn • der Hauptsatz vor dem Nebensatz steht. • der Nebensatz vor dem Hauptsatz steht. • der Nebensatz in den Hauptsatz eingeschoben ist.	Gestern machte ich mit meinen Freunden ein Picknick am See, da es sonnig und warm war. Da es gestern sonnig und warm war, machte ich mit meinen Freunden ein Picknick am See. Gestern, als es sonnig und warm war, machte ich mit meinen Freunden ein Picknick am See.
Das Komma zwischen Hauptsatz und Hauptsatz	Zwei Hauptsätze können durch eine Konjunktion oder durch ein Komma verbunden werden. Zur besseren Lesbarkeit ist es möglich, zusätzlich zur Konjunktion ein Komma zu setzen.	Timo bereitete das Essen zu und Svenja deckte den Tisch. Timo bereitete das Essen zu, Svenja deckte den Tisch. Timo bereitete das Essen zu, und Svenja deckte den Tisch.

Das Komma zwischen Nebensatz und Nebensatz	Zwei gleichrangige Nebensätze werden durch eine Konjunktion verbunden; vor der Konjunktion steht ein Komma.	Julia hatte sich so gefreut, dass nun Ferien waren, damit sie nach Italien fahren konnte.
	Das Komma braucht nicht stehen bei Nebensätzen, die mit *und* bzw. *oder* verbunden sind.	Julia hatte sich so gefreut, dass nun Ferien waren und sie nach Italien fahren konnte.
Das Komma bei Aufzählungen	Das Komma trennt Wörter und Wortgruppen in Aufzählungen, wenn diese nicht durch *und* oder *oder* verbunden sind.	Tanja kaufte Eier, Mehl, Backpulver, Sahne, Erdbeeren. Tanja kaufte Eier und Mehl und Backpulver und Sahne und Erdbeeren. Tanja kaufte Eier, Mehl, Backpulver, Sahne und Erdbeeren. Tanja kaufte Eier, Mehl, Backpulver, Sahne und Erdbeeren oder Johannisbeeren.
Das Komma bei Einschüben	Einschübe werden durch Kommas vom übrigen Satz abgetrennt.	Unser Hausmeister, Herr Müller, schimpft immer, wenn wir im Rasen Fußball spielen.
Das Komma bei Ausrufen und Anreden	Ausrufe und Anreden werden durch Kommas vom übrigen Satz abgetrennt.	Oh, ich wollte nicht, dass du wegen mir warten musst! Maja, kommst du bitte mal zu mir rüber?
Das Komma bei Infinitiven	Infinitivgruppen können durch Komma vom übrigen Satz abgetrennt werden. Das gilt nicht für den reinen Infinitiv.	Moritz versprach(,) regelmäßig seine Hausaufgaben zu machen. Marcel versprach zu gehen.
Das Komma bei Partizipien	Partizipialgruppen können durch Komma vom übrigen Satz abgetrennt werden. Das gilt nicht für das reine Partizip.	Nora erzählte(,) fröhlich lachend(,) von der letzten Party. Lachend erzählte Nora von der letzten Party.

Wissen kurz gefasst

Regeln der Zeichensetzung

- Satzschlusszeichen (Punkt, Ausrufezeichen und Fragezeichen) stehen immer am Ende eines vollständigen Satzes.
- Das Komma trennt Haupt- und Nebensatz sowie Wörter oder Wortgruppen bei der Aufzählung voneinander ab.
- Zwischen zwei Hauptsätzen kann trotz Konjunktion ein Komma stehen.
- Zwischen zwei Nebensätzen steht entweder eine Konjunktion oder ein Komma.
- Infinitiv- oder Partizipialgruppen können durch ein Komma vom übrigen Satz abgetrennt werden.

Szenische Verfahren der Interpretation

Verschiedene Menschen, die einen Text lesen, verstehen diesen jeweils ganz anders. Das hat mit der eigenen Lebenswirklichkeit zu tun: Frischverliebte lesen und interpretieren eine Liebesgeschichte anders als jemand, der sich gerade in der Trennungsphase befindet. Das zeigt, dass es beim Verstehen eines Textes nicht nur darauf ankommt, was geschrieben ist, sondern auch darauf, wie der Leser auf das Geschriebene reagiert.

Beim szenischen Interpretieren ist es wichtig, die Handlung, die Figuren, die Umgebung usw. für sich selbst zu erschließen: zu überlegen, was eine Figur tut, wie sie es tut, warum sie es tut, welche Alternativen sie hätte, in welcher Umgebung sie es tut usw.

Es gibt verschiedene Möglichkeiten des szenischen Interpretierens, die auf alle literarischen Texte und Textsorten (Gedichte, Szenen, Dramenauszüge und Prosatexte) angewendet werden können.

Bildliches Gestalten

- **Fotostory:** Bei der Fotostory wird ein literarischer Text in der Form von einzelnen Fotos wiedergegeben. Die Anzahl der Fotos ist nicht vorgegeben. Entscheidend ist, dass die Kernstellen des Textes durch einzelne Fotos dargestellt sind.
  Deine Interpretationsleistung bei der Fotostory besteht darin, dass du die wichtigen Szenen herausfindest und so darstellst, wie du den Text verstehst.
- **Standbilder:** Auch dabei werden wichtige Einzelszenen aus einem literarischen Text bildlich dargestellt. Folgendermaßen geht man vor: Ein Schüler (der Regisseur) gruppiert hinter einem Vorhang die Personen, die er für die Szene benötigt. Er ordnet sie so an, wie er sie in dieser Szene sieht. Er gibt ihnen auch Anweisungen bezüglich Mimik, Gestik und Körperhaltung. Wenn alle so stehen, wie der Regisseur es möchte, wird die Szene eingefroren, niemand darf seine Haltung verändern. Nun wird der Vorhang beiseitegeschoben und die Mitschüler haben einen freien Blick auf dieses Standbild und können es diskutieren.
  Interessant ist es, zwei Gruppen gleichzeitig zur gleichen Szene ein Standbild bauen zu lassen. Dabei werden die Unterschiede im Verständnis der Szene für alle Betrachter deutlich. Hilfreich ist es, die gebauten Standbilder zu fotografieren – so kann man sie nachher in der Klasse diskutieren.

Körperliche Darstellung

- **Kleidung:** Für die Vorstellung, die ein Leser von einer literarischen Figur hat, ist deren Kleidung oft ganz wichtig. Es ist deshalb sinnvoll, von verschiedenen Gruppen Vorschläge zur Bekleidung einer Person erarbeiten zu lassen. Überzeugend wirken diese Vorschläge meist dann, wenn dementsprechende Kleidungsstücke vorhanden sind und von einem Schüler, der in die Rolle der literarischen Figur schlüpft, vorgestellt werden können.
- **Mimik, Gestik und Körperhaltung:** Auch die Mimik, Gestik und Körperhaltung einer Figur sagen etwas aus über ihren Charakter bzw. über ihre Befindlichkeit in einer bestimmten Situation. Es dient also der Interpretation, eine literarische Figur in einer bestimmten Situation darzustellen – vielleicht könnt ihr diese fotografieren und gemeinsam auswerten.

Szenische Darstellung

- **Sprechweise:** Oft kann man sich einer literarischen Figur annähern, wenn man ihre Texte spricht. Dabei solltest du verschiedene Sprechweisen ausprobieren: flüstern, schreien, singen, normal, abgehackt, erstaunt, entrüstet, verärgert sprechen usw. Oft bekommt der geschriebene Text dabei einen ganz neuen Sinn.
- **Rolleninterview:** Ihr könnt auch einen Mitschüler in die Rolle versetzen, in der sich die literarische Figur befindet. Stellt ihm dann Fragen, sodass ihr alles das erfahrt, was ihr wissen wollt. Wichtig ist nur, dass euer Mitschüler mitspielt und antwortet. Ihr werdet überrascht sein, was ihm alles einfällt und welches neue Licht das auf die literarische Figur wirft.
- **Pantomime:** Spielt das Geschehen als Pantomime, stumm, ohne Worte nach. Ihr werdet erstaunt sein, wie die Handlung auf euch wirkt.

Wissen kurz gefasst

Szenische Verfahren der Interpretation

- Szenische Verfahren der Interpretation helfen, sich einer Figur anzunähern.
- Indem ihr Kernszenen fotografiert oder als Standbilder nachstellt, könnt ihr erkennen, wo die Handlungsschwerpunkte des Textes liegen.
- Die körperliche und szenische Darstellung eines Textes oder einer Textstelle helfen euch, das Verhalten einer Figur oder ihre Beweggründe zu verstehen bzw. ihren Charakter zu ergründen.

Ein Kurzreferat halten

Wenn du ein Kurzreferat halten sollst, musst du deine Mitschüler über einen Sachverhalt, eine Person, ein Ereignis, eine Stadt, ein Land, eine Sportart usw. informieren. Dein Referat muss also Sachinformationen enthalten, persönliche Wertungen sind – zumindest im Hauptteil – nicht angebracht.

Wie solltest du vorgehen, um ein Referat zu erarbeiten, und was musst du bei deinem Vortrag beachten? Folgende Überlegungen solltest du anstellen, die genannten Regeln einhalten.

Vorbereitung
- Was will ich meinen Mitschülern sagen? Habe ich etwas zu sagen?
  Ich muss mich in Büchern und im Internet kundig machen und eine Stoffsammlung anlegen.
- In welcher Reihenfolge will ich erzählen?
  Ich muss meinen Stoff sinnvoll gliedern.

Aufbau des Referats
1. Einleitung:
   Ich muss meine Zuhörer für mein Thema interessieren, muss sie fesseln, damit sie mir zuhören.
2. Hauptteil:
   Ich muss meine Mitschüler informieren. Also: Ich bleibe sachlich und referiere nur, was zu meinem Thema gehört, ich lasse mich auch durch Zwischenfragen nicht ablenken.
3. Schluss:
   Ich muss meine Ausführungen abrunden, also das Referat sinnvoll beenden. Ich kann hier meine eigene Meinung zum Thema erwähnen oder über eigene Erfahrungen berichten. Ich darf nicht mit dem Satz „So, das wars" aufhören.

Veranschaulichung
- Kann ich mein Referat ausschmücken?
  Ja, ich sollte Anschauungsmaterial verwenden (z. B. Fotos mitbringen, eine Skizze an die Tafel zeichnen, eine Overheadfolie vorbereiten). Aber Vorsicht: Der „Schmuck" ist nicht alles, ein gutes Referat kann auch ohne auskommen!

Verhalten des Referierenden

– Wie soll ich mich verhalten?
Stimmeinsatz, Gestik und Mimik sind sehr wichtig. Ich muss laut genug sprechen, um von allen Mitschülern verstanden zu werden, darf nicht zu schnell sprechen, auch wenn ich aufgeregt bin. Grimassen schneiden und Füße auf das Pult legen lenkt die Mitschüler vom Zuhören ab. Aber: Ich kann mir meist aussuchen, ob ich sitzen oder stehen will.

Dauer des Referats

– Wie lange soll ein Referat dauern?
Im Normalfall zwischen 8 und 12 Minuten, Faustregel: 10 Minuten passen genau. Doch: 10 Minuten vor der Klasse zu stehen, ist lange.

Vortragsart

– Was heißt „frei sprechen"?
Ich darf keinen ausformulierten Text verwenden – nicht zu Hause (um alles auswendig zu lernen) und nicht vor der Klasse (die Gefahr des Ablesens ist zu groß)! Erlaubt ist lediglich ein Stichwortzettel, auf dem die wichtigsten Begriffe meines Referates stehen – sozusagen als Gedächtnisstütze.

Sprich mit deiner Lehrerin oder deinem Lehrer vor deinem Referat genau ab, was erwartet wird – das erspart dir unliebsame Überraschungen!

Tipp

Wissen kurz gefasst ✓

Ein Kurzreferat halten

• Wenn du ein Kurzreferat halten sollst, musst du dieses gut planen, Informationen zusammentragen, eine Stoffsammlung und eine Gliederung anlegen.
• Suche Materialien, mit deren Hilfe du dein Referat veranschaulichen kannst.
• Halte einen informativen Vortrag von ungefähr 10 Minuten. Achte dabei auf eine passende Mimik, Gestik und Körperhaltung.
• Sprich frei – lies nichts ab, lerne auch den Vortragstext nicht auswendig. Nimm höchstens einen Stichwortzettel zu Hilfe.

Informationen finden: die Suche im Internet

Wenn du Informationen suchst, die das Fach Deutsch betreffen, solltest du immer zuerst in deinem Schulbuch oder in deinen Heften nachlesen – vieles, was du benötigst, findest du dort. Solltest du neue Informationen suchen, kannst du in Wörterbüchern, Sachbüchern oder Lexika nachschlagen. Der schnellste – aber auch der unsicherste – Weg zu aktuellen Informationen führt über das Internet.

Suchmaschinen helfen dir beim Auffinden von Informationen. Wenn du eine Suchmaschine aufrufst, musst du nur den gesuchten Hauptbegriff eingeben – und du bekommst eine Vielzahl von Internetseiten genannt, die diesen Begriff beinhalten.

Die derzeit bekannteste Suchmaschine findest du unter www.google.de. Unter dieser Adresse werden dir alle wichtigen Internetseiten zu dem gesuchten Begriff aufgelistet.
Bei der Suche nach dem Begriff „Roman" erscheint z. B. folgende Anzeige:

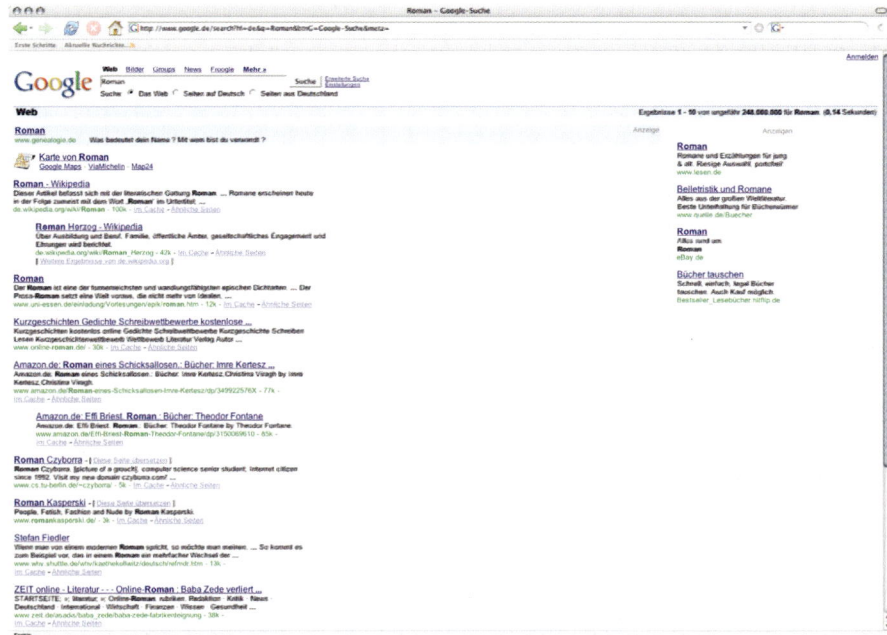

Viele Informationen und weiterführende Literatur zum Fach Deutsch findest du auch unter folgenden Adressen:

     http://www2.digitale-schule-bayern.de
     http://www.dla-marbach.de
     http://www.gedichtepool.de
     http://www.xlibris.de
     http://gutenberg.spiegel.de

Daneben kannst du in den Homepages großer Verlage oder in allgemeinen Onlinelexika fündig werden, z. B.:

     http://www.suhrkamp.de
     http://www.dtv.de

     http://www.blinde-kuh.de
     http://www.wikipedia.de

Du findest bei deiner Internetsuche auch viele private Seiten – hier ist jedoch besondere Vorsicht geboten: Manche Seiten sind kostenpflichtig, andere oft fehlerhaft.

Viele wertvolle Hinweise zur Suche im Internet findest du unter:

     http://www.suchfibel.de

Die Quick-Tour für Einsteiger ist besonders zu empfehlen!

Tipp

Informationen finden: Die Suche im Internet   **Wissen kurz gefasst** ✓

- Im Internet kannst du viele Informationen zum Fach Deutsch finden.
- Sinnvoll ist es, den Hauptbegriff deiner Suche (den du später verfeinern kannst) in eine große Suchmaschine wie **www.google.de** oder **www.wikipedia.de** einzugeben. Dann erhältst du viele Internetadressen, die dir weiterhelfen können.
- Du kannst auch auf den Homepages von Verlagen oder in Onlinelexika nachschlagen.
- Achte darauf, dass die Informationen nicht kostenpflichtig sind; vertraue nicht jedem Eintrag im Internet, sondern überprüfe die Informationen mindestens mithilfe einer weiteren Internetseite.

Zitieren

Bei manchen Aufsatzformen wie der Erörterung, der Interpretation, der erweiterten Inhaltsangabe und der Charakterisierung ist es nötig, dass du Passagen aus dem Originaltext wiedergibst, um durch diese Textbelege deine Behauptung oder deine Meinung zu stützen. Wenn du besondere Gedanken, Begriffe, Wendungen oder ganze Sätze aus einem anderen Text übernimmst, zitierst du. Beim Zitieren darfst du aber nicht einfach abschreiben; du musst dich an die allgemeinen Regeln des Zitierens halten.

Folgende Möglichkeiten der Textübernahme aus einem anderen Text gibt es (alle Textbeispiele beziehen sich auf das Schauspiel „Andorra" von Max Frisch):

- **Nachgestelltes Zitat** (in Klammern)
  Barblin weist den Soldaten, der sie begafft, ab („Wenn du nicht die ganze Zeit auf meine Waden gaffst, dann kannst du ja sehen, was ich mache", S. 7).

Beim Herkunftsnachweis eines Zitats, der immer in einer Klammer steht, verwendet man die Abkürzungen $S.$ (für „Seite"); wenn im Text auch die Zeilen oder Verse nummeriert sind, gibt man auch diese an: $Z.$ (für „Zeile") oder $V.$ (für „Vers"). Im Drama orientiert man sich oft auch an Akten (I, II, III usw.) und Szenen (1, 2, 3 usw.).
Findet sich der Originaltext in einer einzigen Zeile, schreibt man z. B. Z. 13; reicht er in die nächste Zeile, schreibt man Z. 13 f. ($f.$ steht für „folgende [Zeile]"). Reicht der Text über mehrere Zeilen, schreibt man entweder Z. 13–16 oder Z. 13 ff. ($ff.$ für „folgende [Zeilen]").

- **Nachgestelltes Zitat** (nach Doppelpunkt)
  Barblin weist den Soldaten, der sie begafft, ab: „Wenn du nicht die ganze Zeit auf meine Waden gaffst, dann kannst du ja sehen, was ich mache." (S. 7)

- **In den Satz einbezogenes Zitat**
  Barblin weist den Soldaten mit der Aufforderung, er solle „nicht die ganze Zeit auf [ihre] Waden gaff[en]", ab (S. 7).

Wenn du in einem Zitat Wörter oder Teile davon veränderst, musst du dies durch eine eckige Klammer kenntlich machen.

- **Zitierung einzelner Wörter**
  Barblin weist den Soldaten mit den Worten, er solle sie nicht „angaffen"
  (S. 7), ab.

- **Sinngemäße Übernahme** (Paraphrase)
  Barblin weist den Soldaten, dem sie vorwirft, er würde ihr nachstellen
  (nach S. 7), ab.

- **Der Verweis**
  Barblin weist den Soldaten ab. Es ist ihr lästig, dass er sie begafft und ihr
  nachstellt (vgl. S. 7).

Bei der sinngemäßen Übernahme und beim Verweis wird keine Textstelle
wörtlich zitiert. Trotzdem liegt den Aussagen eine Textstelle zugrunde, die man
nennen muss. Dies geschieht, indem man auf diese mit den Kürzeln *vgl.* (für
„vergleiche"), *nach* oder *s.* (für „siehe") hinweist.

Folgende Gefahren beim Zitieren solltest du kennen:

- **Zu viele Zitate:** Ein Aufsatz besteht aus so vielen Zitaten, dass die
  Gedanken und Ausführungen des Verfassers dahinter verschwinden.
  In einer Erörterung oder in einem Interpretationsaufsatz sollen in erster
  Linie die gedanklichen Leistungen des Verfassers wiedergegeben werden.
  Nur besonders wichtige oder umstrittene Aussagen des Verfassers werden
  durch Zitate belegt.
- **Keine Zitate:** Du verzichtest in deiner Arbeit auf jeden Beleg in Form von
  Zitaten. Dadurch kann der Eindruck entstehen, dass du den Text, über den
  du schreibt, nicht oder nicht genau kennst.

Wissen kurz gefasst ✓

Zitieren

- Um deine Ausführungen nachvollziehbar zu machen, musst du oft zitieren. Beim
  Zitieren fügst du ein Wort oder ganze Sätze aus dem Originaltext in deine Arbeit
  ein. Beim indirekten Zitat (Paraphrase, Verweis) gibst du nur einen (nichtwörtlichen)
  Hinweis auf den Originaltext.
- Achte darauf, nur die nötigen Textstellen zu zitieren, übertreibe aber nicht.

Register

Register

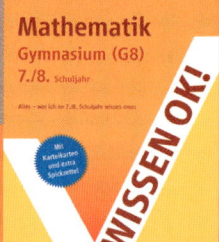

F1

Bei der Erzählung unterscheidet man die Ich- und die Er-Perspektive. Welche Vorzüge und welche Nachteile haben die beiden Erzählperspektiven?

F2

Wie ist eine Erzählung aufgebaut?

F3

Welche sprachlichen Mittel sollten in einer Erzählung verwendet werden?

F4

Worauf musst du achten, wenn du einen Text umerzählen, also die Textsorte verändern sollst?

F5

Welche Aspekte muss man beim Schildern noch stärker hervorheben als beim Erzählen?

F6

Was sind die Kennzeichen des Sachstils?

F7

Wie ist der Bericht aufgebaut?

F8

Was muss man bei einer Textzusammenfassung beachten?

L2

Jede gelungene Erzählung besteht
aus drei Teilen:
– Einleitung,
– Hauptteil (mit Höhepunkt) und
– Schluss.
Das eigentliche Geschehen wird im Hauptteil
erzählt. Die Einleitung führt zum Hauptteil
hin, der Schluss rundet die Erzählung ab.

L1

Ich-Perspektive: klingt persönlicher, der Leser
ist unmittelbarer am Erlebnis beteiligt, aber
der Blickwinkel ist eingeschränkt: Du weißt
nur das, was das Erzähler-Ich weiß.
Er-Perspektive: erzählt aus der Sicht eines
Unbeteiligten. Du betrachtest alle Personen
der Erzählung von außen.

L4

Bei der Veränderung der Textsorte
musst du die Kernaussage beibehalten.
Du musst dich deshalb fragen:
– Worum geht es in diesem Text? Was ist
  seine Kernaussage?
– Wo liegt der Höhepunkt? Welche Teile des
  Textes lassen sich der Einleitung und dem
  Schluss zuordnen?
– Wie sind die Figuren charakterisiert?

L3

Du solltest für eine gelungene Erzählung die
wörtliche Rede verwenden, Signalwörter,
aussagekräftige Verben und Adjektive
benützen, durch Andeutungen und
unvollständige Sätze am Höhepunkt die
Spannung steigern und das szenische
Präsens verwenden.

L6

Sachstil verwenden heißt, Sachverhalte exakt zu beschreiben.
Dies gelingt,
– indem du Gefühle und Stimmungen nicht
  erzählst, sondern nennst,
– keine wörtliche Rede und keine
  umgangssprachlichen Ausdrücke, sondern
  Fachbegriffe verwendest,
– einen logischen Aufbau einhältst,
– Hypotaxen bildest, Konjunktionen und
  Adverbialen verwendest.

L5

Bei der Schilderung kommt es darauf an,
dass die Umgebung anschaulich dargestellt
wird. Auch die Sinneseindrücke müssen
durch sprachliche Bilder, Vergleiche,
Personifikationen und stimmungsvolle
Adjektive wiedergegeben werden.

L8

Bei der Textzusammenfassung
– darf man keine Spannung erzeugen,
– muss man die inhaltlichen Zusammenhänge
  herausarbeiten,
– muss man wichtige Personen, Ereignisse
  und Sachverhalte nennen,
– Sachstil verwenden und
– im Präsens schreiben.

L7

Der Bericht ist eine sachliche
Aufsatzform.
– Die Einleitung führt den Leser in die Situa-
  tion ein und gibt eine Überblicksinformati-
  on über das Geschehen.
– Im Hauptteil wird der Ablauf des Gesche-
  hens in chronologischer Folge ausführlich
  dargestellt.
– Im Schlussteil werden das Ergebnis und die
  Folgen des Geschehens genannt.

F9

Welche Fakten muss der Basissatz der Inhaltsangabe nennen?

F10

Welche Arten des Protokolls kann man unterscheiden?

F11

Welche Argumentationsschritte muss man unterscheiden?

F12

Woran erkennst du, ob du eine steigernde oder eine Pro-und-Kontra-Erörterung schreiben sollst?

F13

Welche Aspekte solltest du bei einer Textinterpretation untersuchen?

F14

Aus welchen Teilen besteht die erweiterte Inhaltsangabe?

F15

Welche Aspekte musst du bei der Charakterisierung einer literarischen Figur beachten?

F16

Welche drei Hauptgattungen der Literatur unterscheidet man?

L10

Man unterscheidet
– das Verlaufsprotokoll, das das
  Gesagte in chronologischer Reihenfolge
  festhält, und
– das Ergebnisprotokoll, das nur die
  Ergebnisse von Besprechungen wiedergibt.
Daneben gibt es noch
– das Unterrichtsprotokoll, eine Mischform
  aus Verlaufs- und Ergebnisprotokoll.

L9

Der Basissatz der Inhaltsangabe
nennt die wichtigsten Fakten:
– den Namen des Verfassers,
– den Titel des Textes,
– die literarische Gattung,
– die Entstehungszeit,
– die Hauptpersonen und
– die Kernaussage des Textes.

L12

Bei der Unterscheidung der
steigernden und der Pro-und-
Kontra-Erörterung musst du genau
auf die Fragestellung achten.
Die steigernde Erörterung wird immer durch
eine Ergänzungsfrage (Wort-
frage) eingeleitet: „Warum …?"
Die Pro-und-Kontra-Erörterung wird immer
durch eine Entscheidungs-
frage (Satzfrage) eingeleitet:
„Ist es sinnvoll, dass …?"

L11

Eine einfache Argumentation kommt
mit drei Argumentationsschritten aus:
– Behauptung (These),
– Begründung (Argument) und
– Beispiel.

L14

Die erweiterte Inhaltsangabe
besteht aus drei Teilen:
– Einleitung (als Basissatz),
– Inhaltszusammenfassung,
– Beantwortung der vorgegebenen
  Erschließungsfragen.

L13

Bei der Textinterpretation musst
du dich genau mit dem Text
auseinandersetzen, ihn erschließen, um ihn
dann interpretieren zu können.
Wichtige Aspekte sind dabei: Überschrift,
Textinhalt, Textaufbau, Charakterisierung der
Personen, sprachliche Auffälligkeiten.

L16

Man teilt die Literatur in folgende
Hauptgattungen:
– erzählende Texte (Epik, Prosa),
– dramatische Texte (Schauspiele, Szenen)
  und
– lyrische Texte (Gedichte, Balladen).

L15

Eindrücke über eine literarische
Figur bekommt man, wenn man sich mit
folgenden Aspekten auseinandersetzt:
– äußere Erscheinung,
– Lebensumstände,
– Verhältnis zu den Mitmenschen,
– Äußerungen und Handlungen der
  literarischen Figur,
– ihre Lebenserfahrungen.

F17

Wodurch ist die moderne deutsche Kurzgeschichte gekennzeichnet?

F18

Was sind die Kennzeichen einer Erzählung?

F19

Was ist das Besondere an der Novelle?

F20

Welche Formen des mittelalterlichen Epos kann man unterscheiden?

F21

Welche verschiedenen Romantypen gibt es?

F22

Welche Aspekte sollte man bei der Analyse eines Romans untersuchen?

F23

Welche drei Typen des Dramas kann man unterscheiden?

F24

Welches sind die vier wichtigsten Versfüße?

L18

Die Erzählung ist dem Roman
ähnlich, jedoch kürzer.
Das sind ihre Kennzeichen:
– Einteilung in Einleitung, Hauptteil und
  Schluss,
– nur ein Handlungsstrang,
– nur wenige Personen (als Charaktere
  gekennzeichnet),
– meist in gehobener Sprache abgefasst.

L17

Die moderne deutsche
Kurzgeschichte existiert als Gattung erst
seit 1945. Sie ist durch folgende Merkmale
gekennzeichnet:
– Einleitung und Schluss fehlen meist,
– die Personen sind als Durchschnittsmenschen gekennzeichnet,
– die Handlung zeigt einen Wendepunkt im
  Leben der Hauptperson,
– die Sprache ist einfach und alltäglich.

L20

Im Mittelalter kennt man zwei
Formen des Epos: das Heldenepos
und das höfische Epos.
Das Heldenepos ist die ältere Form, seine
Dichter kennt man nicht.
Das höfische Epos thematisiert die
Lebenswelt der christlichen Ritter; bekannte
Dichter sind Hartmann von Aue, Wolfram von
Eschenbach und Gottfried von Straßburg.

L19

Die Novelle ist eine Erzählung mittleren
Umfangs, die in konzentrierter Form das
Hereinbrechen des Schicksals auf einen
Menschen zeigt. Dabei steht aber nicht der
Mensch im Mittelpunkt der Darstellung,
sondern die Handlung.

L22

Bei der Romananalyse gibt es eine
Vielzahl von Untersuchungsaspekten, z. B.:
– Ist der Roman aus der Sicht eines
  Ich-Erzählers oder eines Er-Erzählers
  geschrieben?
– Welches Erzählverhalten ist feststellbar:
  auktoriales, personales oder neutrales
  Erzählverhalten?
– Wie ist das Verhältnis von Erzählzeit und
  erzählter Zeit?

L21

Je nach Qualität, Erscheinungsform
und Zielgruppe des Romans unterscheidet
man folgende Typen:
– literarischer Roman,
– Unterhaltungsroman,
– Heftchenroman,
– Fortsetzungsroman,
– Jugendroman.

L24

Den meisten deutschen Gedichten liegt
einer dieser Versfüße zugrunde:
– Jambus x$\acute{x}$ (unbetont – betont),
– Trochäus $\acute{x}$x (betont – unbetont),
– Daktylus $\acute{x}$xx (betont – unbetont –
  unbetont),
– Anapäst xx$\acute{x}$ (unbetont – unbetont –
  betont)

L23

Folgende drei Typen des Dramas
kann man unterscheiden:
– die Komödie (Lustspiel), ein Bühnenstück
  mit komischem, lustigem oder heiterem
  Inhalt,
– die Tragödie (Trauerspiel), ein Bühnenstück
  mit tragischem Inhalt, und
– die Tragikomödie, eine Mischform aus
  Tragödie und Komödie, die tragische und
  komische Elemente miteinander verbindet.

F25

Welche fünf Arten von Endreimen sind besonders wichtig?

F26

Was sind die wichtigsten Kennzeichen des barocken Sonetts?

F27

Was meinte Goethe damit, als er die Ballade das „Ur-Ei" der Dichtung nannte?

F28

Was besagen die Begriffe „Volksballade" und „Kunstballade"?

F29

Was sind die Kennzeichen des Sachstils?

F30

Welche Aspekte solltest du bei der Analyse eines Redetextes untersuchen?

F31

Welche zwei grundlegend verschiedene Arten von Zeitungstexten kann man unterscheiden?

F32

Was versteht man in der Werbung unter der AIDA-Formel?

L26

Die wichtigsten Kennzeichen
des barocken Sonetts sind:
– Es besteht aus 14 Versen, untergliedert in
  zwei Quartette und zwei Terzette.
– Es ist meist im Alexandriner (sechshebiger
  Jambus mit Mittelzäsur) verfasst.
– Das Reimschema ist oft abba abba
  ccd eed.

L25

Folgende Endreime sind im Deutschen
besonders wichtig:
– Paarreim (aabb),
– Kreuzreim (abab),
– umarmender Reim (abba),
– Schweifreim (aabccb),
– Waise (x).

L28

Balladen wurden ursprünglich mündlich
überliefert, ihre Verfasser sind unbekannt
– dies ist typisch für die Volksballaden.
Im 18. Jahrhundert ahmten Dichter wie
Gottfried August Bürger oder Johann
Wolfgang von Goethe und Friedrich Schiller
die Volksballaden in Ton und Inhalt nach: Die
Kunstballade war entstanden.

L27

Goethe wollte mit dem Begriff
vom „Ur-Ei" ausdrücken, dass die
Ballade Elemente aller drei großen
literarischen Gattungen enthält:
– die Gliederung in Strophen und Verse (aus
  der Lyrik),
– das Schwergewicht auf der äußeren
  Handlung (aus der Epik),
– die Verwendung von Monologen und
  Dialogen (aus der Dramatik).

L30

Redetexte können wie andere
Texte auch untersucht werden.
Wichtige Aspekte sind:
– Thema und Inhalt der Rede (worüber wird
  gesprochen?),
– die Argumentation des Redners
  (argumentiert der Redner sachlich,
  schlüssig, weitschweifig usw.?) und
– die Intention des Redners (will er
  überreden, überzeugen oder informieren?).

L29

Sachstil darf keine Spannung
erzeugen, wörtliche Rede ist nicht angebracht,
Fachbegriffe sollten verwendet werden,
ebenso Satzgefüge (Hypotaxen).
Sachstil wird in informierenden
Aufsatzformen verwendet, wenn es darauf
ankommt, nicht Gefühle und Stimmungen,
sondern Sachverhalte auszudrücken.

L32

Die AIDA-Formel beschreibt,
wie Werbung auf Menschen wirken soll:
A – Attention: Die Aufmerksamkeit des
Betrachters soll geweckt werden.
I – Interest: Das Interesse des Betrachters
soll angesprochen werden.
D – Desire: Der Kaufwunsch soll geweckt
werden.
A – Action: Der Betrachter soll das Produkt
kaufen.

L31

Im redaktionellen Teil einer Zeitung
gibt es eine Vielzahl von Textsorten.
Ein grundlegender Unterschied besteht
zwischen den meinungsbildenden Textsorten
(Kommentar, Rezension, Glosse) und den
sachlich-informierenden Textsorten (Meldung,
Nachricht, Bericht, Reportage, Interview).

F33

Warum schreibt man „Masse" im Gegensatz zu „Maße" mit ss?

F34

Wann muss ein Komma verwendet werden?

F35

Wann kann ein Komma verwendet werden?

F36

Was muss man sich zur Schreibung des i-Lautes in Fremdwörtern merken?

F37

Was versteht man unter dem Begriff „flektieren"?

F38

Welche zwei Arten des Flektierens gibt es?

F39

Was versteht man unter „Modalverben"?

F40

Wie unterscheidet man transitive und intransitive Verben?

L34

Das Komma muss in folgenden
Fällen verwendet werden:
– zwischen Haupt- und Nebensatz,
– bei Aufzählungen, wenn keine Konjunktion
  steht,
– bei Einschüben,
– bei Ausrufen und Anreden, die vom übrigen
  Satz abgetrennt werden.

L33

Vor dem s-Laut in „Masse" steht
ein Vokal, der kurz gesprochen wird.
Die Regel lautet, dass nach kurz
gesprochenem Vokal ss steht, nicht ß.
Beim Wort „Maße" ist das anders:
Hier wird das a lang gesprochen,
deshalb steht ß.

L36

In Fremdwörtern schreibt man
immer i, wo man ie oder ieh erwarten würde.
Die einzige Ausnahme ist das Wort „Quartier".

L35

Das Komma kann verwendet werden:
– zwischen zwei Hauptsätzen, auch
  wenn diese durch eine Konjunktion
  verbunden sind,
– vor (bzw. nach) Infinitivgruppen,
– vor (bzw. nach) Partizipialgruppen.

L38

Man kann konjugieren und deklinieren.
Verben werden nach Person und Numerus,
Tempus und Genus verbi verändert
(konjugiert).
Substantive/Nomen, Artikel, Adjektive,
Numerale und Pronomen werden nach Kasus,
Numerus und Genus verändert (dekliniert).

L37

„Flektieren" heißt verändern.
Manche Wortarten wie Substantiv/Nomen,
Artikel, Adjektiv, Numerale, Pronomen und
Verb kann man flektieren, andere nicht
(Adverb, Präposition, Konjunktion und
Interjektion).

L40

Transitive Verben benötigen ein
Akkusativobjekt, z.B. „Tim hat seine Freunde
eingeladen."
Intransitive Verben ziehen nicht
zwangsläufig ein Objekt nach sich,
z.B. „Ich arbeite (an meinem Referat)."
Manche Verben sind transitiv und intransitiv,
z.B. „Ich lerne (Deutsch)."

L39

Modalverben verändern die Aussageweise
des Prädikats.
So kann man z.B. statt einer Tatsache einen
Wunsch oder eine Absicht mithilfe eines
Modalverbs ausdrücken.
Statt „Evi hört Musik" heißt es dann:
„Evi wollte gern Musik hören."

F41

Was kennzeichnet reflexive Verben?

F42

Welche verschiedenen Formen des Imperativs gibt es?

F43

Was drückt der Konjunktiv I aus?

F44

Wann verwendet man Konjunktiv II?

F45

Wie nennt man das Partizip I noch und wie wird es gebildet?

F46

Wie nennt man das Partizip II noch und wie wird es gebildet?

F47

Nach welchen grammatikalischen Merkmalen lassen sich Substantive/Nomen bestimmen?

F48

Welche vier Fälle kennst du im Deutschen und wie wird nach ihnen gefragt?

L42

Es gibt zwei Formen, die jeweils in der
2. Person stehen: den Imperativ in der
2. Person Singular („Lass das!") und in der
2. Person Plural („Lasst das!").

L41

Reflexive Verben haben immer
ein Reflexivpronomen bei sich:
„Ich beeile mich."

L44

Den Konjunktiv II verwendet
man, wenn man ein nicht wirkliches
Geschehen oder einen höflichen Wunsch
ausdrücken will bzw. bei unerfüllbaren
Wünschen und in Konditionalsätzen:
„Könntest du mir bei der Mathematik-
aufgabe helfen?"
„Wenn ich dir helfen könnte, hätte
ich es getan."

L43

Der Konjunktiv I wird für Wünsche,
Aufforderungen und Ausrufe sowie für die
indirekte Rede verwendet:
„Man nehme drei Eier."
„Tamara versicherte, sie habe die Pizza genau
nach Rezept gemacht."

L46

Das Partizip II nennt man auch Partizip
Perfekt oder Mittelwort der Vergangenheit.
Man bildet es aus dem Wortstamm mit der
Vorsilbe ge- und der Endung -t (bzw. -en):
gelesen, gegessen, gewusst.

L45

Das Partizip I nennt man auch Partizip
Präsens oder Mittelwort der Gegenwart.
Man bildet es aus dem Wortstamm mit der
Endung -end (bzw. -nd): lesend, essend,
wissend.

L48

Im Deutschen unterscheidet man nach:
1. Fall (Nominativ, Frage: wer oder was?),
2. Fall (Genitiv, Frage: wessen?),
3. Fall (Dativ, Frage: wem?),
4. Fall (Akkusativ, Frage: wen oder was?)

L47

Substantive/Nomen lassen sich bestimmen
nach
– Genus (grammatikalisches Geschlecht),
– Numerus (Zahl) und
– Kasus (Fall).

F49

Was versteht man unter
einem Homonym?

F50

Welche Pronomen
(Fürwörter) kennst du?

F51

Was versteht man unter
„Hypotaxe"?

F52

Was versteht man unter
„Parataxe"?

F53

Was kennzeichnet den
Relativsatz?

F54

Was ist ein
Konjunktionalsatz?

F55

Was ist ein Infinitivsatz?

F56

Was versteht man unter
einem Partizipialsatz?

L50

Pronomen sind:
- das Personalpronomen (persönliches Fürwort; ich, du, wir),
- das Possessivpronomen (besitzanzeigendes Fürwort; mein, dein, unser),
- das Demonstrativpronomen (hinweisendes Fürwort; der, dieser, jener),
- das Reflexivpronomen (rückbezügliches Fürwort; mich, dich, sich),
- das Relativpronomen (bezügliches Fürwort; der, welcher),
- das Interrogativpronomen (Fragefürwort; wer, was, welcher, was für ein),
- das Indefinitpronomen (unbestimmtes Fürwort; jemand, niemand, einige, irgendetwas).

L49

Homonyme sind gleichlautende Wörter mit verschiedener Bedeutung. Oft kann man ihre Bedeutung aufgrund des Artikels herausfinden:
die Steuer = Abgabe,
das Steuer = Lenkvorrichtung

L52

„Parataxe" ist der Fachbegriff für „Satzreihe".
Unter Parataxe versteht man die Verbindung eines Hauptsatzes mit einem anderen Hauptsatz, z. B.:
„Die nächsten Sommerferien verbringe ich in einer Gastfamilie in England, denn ich will meine Sprachkenntnisse verbessern."

L51

„Hypotaxe" ist der Fachbegriff für „Satzgefüge".
Unter Hypotaxe versteht man die Verbindung eines Hauptsatzes mit einem oder mehreren Nebensätzen, z. B.:
„Die nächsten Sommerferien verbringe ich in einer Gastfamilie in England,
weil ich meine Sprachkenntnisse verbessern will."

L54

Der Konjunktionalsatz ist ein Nebensatz, der durch eine unterordnende Konjunktion eingeleitet wird.
Konjunktionalsätze sind Adverbialsätze, sie stehen im Satz anstelle der adverbialen Bestimmung:
„Als ich beim Eislaufen am Weiher war, traf ich dort fast die ganze Klasse."

L53

Der Relativsatz ist ein Nebensatz. Er wird durch ein Relativpronomen (oft mit einer Präposition verbunden) oder ein Relativadverb eingeleitet.
Der Relativsatz ist meist ein Attributsatz: „Der blaue Füller, der sich in Svens Federmäppchen befindet, gehört mir."

L56

Der Partizipialsatz ist ein Nebensatz, der durch eine Erweiterung aus dem reinen Partizip gebildet wird.
Man spricht auch von der Partizipialgruppe oder dem Partizipsatz.
Der Partizipialsatz kann durch Komma vom Hauptsatz abgetrennt werden, muss aber nicht.
„Laut über seine Mitschüler lachend(,) ging Sebastian auf den Pausenhof."

L55

Der Infinitivsatz ist ein Nebensatz, der durch eine Erweiterung aus dem reinen Infinitiv gebildet wird.
Man spricht auch vom satzwertigen Infinitiv oder vom erweiterten Infinitiv.
Der Infinitivsatz kann durch Komma vom Hauptsatz abgetrennt werden, muss aber nicht.
„Es macht mir Spaß(,) den neuen Fantasyroman zu lesen."

F57

Welche verschiedenen Adverbialsätze gibt es und was geben sie an?

F58

Was ist ein Attributsatz?

F59

Was versteht man unter einem Subjektsatz?

F60

Was versteht man unter einem Objektsatz?

F61

Welche Satzglieder kann man unterscheiden?

F62

Welche vier Objekte gibt es im Deutschen?

F63

Wie unterscheiden sich das Erbwort, das Lehnwort und das Fremdwort?

F64

Wie unterscheiden sich Umgangssprache und Dialekt?

L58

Der Attributsatz ist ein Nebensatz, der anstelle eines Attributs steht.
Oft handelt es sich dabei um einen Relativsatz:
„Das Rathaus, das unter Denkmalschutz steht, wird von vielen Touristen fotografiert."

L57

Man unterscheidet
– den Temporalsatz (Zeit),
– den Modalsatz (Art und Weise),
– den Instrumentalsatz (Mittel),
– den Kausalsatz (Grund),
– den Konditionalsatz (Bedingung),
– den Konzessivsatz (Einräumung),
– den Konsekutivsatz (Folge),
– den Finalsatz (Zweck),
– den Adversativsatz (Gegensatz) und
– den Lokalsatz (Ort).

L60

Der Objektsatz ist ein Nebensatz, der die Satzgliedstelle des Objekts einnimmt.
Nach dem Objektsatz kann man genauso wie nach dem Objekt fragen: wen oder was?
„Mein Lehrer glaubt daran, dass ich in Musik sehr gut bin."

L59

Der Subjektsatz ist ein Nebensatz, der die Satzgliedstelle des Subjekts einnimmt.
Nach dem Subjektsatz kann man genauso wie nach dem Subjekt fragen: wer oder was?
„Dass ich in Musik gute Noten bekomme, ist mir sehr wichtig."

L62

Im Deutschen kennt man das Genitivobjekt, das Dativobjekt, das Akkusativobjekt und das Präpositionalobjekt.

L61

Es gibt unverzichtbare Satzglieder, ohne die kein vollständiger Satz gebildet werden kann: das Subjekt und das Prädikat.
Daneben gibt es Satzglieder, auf die auch verzichtet werden kann: das Objekt, das Adverbiale und das Attribut.

L64

Umgangssprache darf nicht mit Dialekt verwechselt werden:
Die Umgangssprache orientiert sich an der Hochsprache, befolgt aber deren Regeln nicht genau. In die Umgangssprache fließen auch Modewörter aus der Werbung und der Jugendsprache ein.
Unter Dialekt versteht man die Mundart, die von Region zu Region verschieden ist.

L63

Alle drei Wortgruppen gehören zum deutschen Sprachschatz.
Das Erbwort bezeichnet ein Wort, das schon von alters her (aus dem Germanischen, Alt- oder Mittelhochdeutschen) zur deutschen Sprache gehört.
Das Lehnwort wurde später aus einer fremden Sprache (z. B. dem Lateinischen) übernommen.
Das Fremdwort kam erst in jüngerer Vergangenheit zum deutschen Wortschatz hinzu und wird teilweise noch immer als fremd empfunden.